KB054018

내 재테크에 바로 적용하는

최소한의
경제공부

내 재테크에 바로 적용하는

최소한의 경제 공부

문지웅 지음

매일경제신문사

직관의 경제학

우리가 학교에서 어렵고 복잡한 수학을 배우는 이유는 사회에 나와서 바로 써먹기 위해서가 아니다. 수학적 사고가 먹고 사는 데 도움이 된다는 경험적 사실 때문이다. 수학은 추상적인데 구체적이다. 먹고 사는 문제 역시 하늘과 땅 사이에서 왔다갔다 한다.

경제학은 먹고 사는 걸 다루는 학문이다. 그런데 어렵다. 사실 세상만사가 경제 문제와 맞닿아 있지만 사과값이나 대파값처럼 직관적이지 않으면 바로 와닿지 않는다. 중앙은행의 통화량 조절이나 기준금리 인상·인하도 마찬가지다. 정부에서 하는 주식 밸류업 작업도 경제인을 자처하는 많은 국민들이 체감하기에는 한계가 있다.

수포자(수학을 포기한 사람)처럼 경포자(경제를 포기한 사람)가 적지 않은 것도 우리가 듣고 보고 배운 경제관련 지식과 뉴스가 직관적이지 않기 때문이다. 가짜 전문가, 사기꾼, 허위·조작 정보 등이 주식·금융·부동산 시장에 판치는 것도 경포자들이 많아서다. 가짜들은 중간과정을 다 생략하고 직관적으로 와닿는 가짜 수익률로 많은 사람을 현혹한다. 정부와 언론이 '속지 말라'고 경고해도 소용없다. 직관적이지 않으면 효과를 내기 어려운 세상이다. 속도를 중요시하는 한국 사회는 더더욱 그렇다.

나는 이 책을 수 년 전부터 구상했다. 경제뉴스와 정보를 접한 사람들이 직관적으로 이해할 수 있도록 돕고 싶었다. 경제는 추상적이고 모호하지만 돈은 구체적이고 직관적이다. 결국 전부 돈 문제라는 걸 말하고 싶었다. 그리고 세상 모든 경제 이슈를 다 알 필요도 없다는 걸 알리고자 했다. 이 책이 '최소한의 경제공부'를 목표로 하는 것도 이런 이유 때문이다. 경제가 돌아가는 원리를 파악하고 나면 그 다음부터는 적용과 응용의 영역일 뿐이다.

경제도 분야가 다양하지만 재정, 부채, 성장, 인구 등 거시 분야 주제들은 대부분 생략했다. 아는 척하기 좋은 재료들이지만 병병하고 직관적이지 않기 때문이다. 학자, 전문가마다 하는 얘기들도 제각각이다. 그만큼 손에 잡히는 이슈가 아니라는 뜻이다. 다만, 2023년 기준 0.72명(합계출산율)에 불과한 저출생 문제를 제대로 다루지 못한 건 아쉽다. 심각성은 누구나 공감하지만 그 영향이 수십 년에 거쳐 미치기 때문에 직관적이지 않기도 하고, 내가 해법을 알

지도 못해 본격적으로 살펴보지 못했다.

　이 책은 목차와 상관없이 관심 가는 경제 분야별로 필요할 때마다 찾아서 읽는 게 효과적이다. 처음부터 끝까지 순서에 따라 읽을 필요가 없다. 공매도 이슈가 궁금하면 그 부분만 찾아보면 된다. 반도체 산업에 대한 기본적인 이해가 필요하면 그 부분만 읽어도 충분하다. 우리가 어떤 경제 이슈를 직면했을 때 직관적으로 확 와닿지 않을 때 유용한 책이라고 할 수 있다. 특히 신문 기사는 기자들이 최대한 쉽게 쓰려고 하지만 지면이라는 공간의 한계 때문에 생략되는 부분이 많아 어렵게 느껴질 때가 많다. 그럴 때 이 책은 훌륭한 보충 교재가 된다.

　집필은 미국 조지아대학교(UGA)에서 1년간 머물 때 시작했다. 역사상 유래 없는 고물가 시기였다. 물가와 환율이 내 생활에 이렇게 중요한 이슈인지 처음 깨달았다. 구상에 몇 년이 걸렸지만 집필에 속도를 낼 수 있었던 결정적인 이유기도 하다. 물론 아직 가야 할 길이 멀고, 부족한 부분이 너무나도 많다. 읽는 분들이 너그럽게 이해해 주시고 용기를 주시면 다음 책에서 더 좋은 내용으로 보답하려고 한다.

　사랑하는 아내와 아이의 헌신적인 도움이 없었다면 이 책의 원고는 내 낡은 노트북 휴지통 폴더 안에 버려졌을지도 모른다. 아내는 미국에서 지내는 동안 동네에 있는 '트레이더조'에 가는 걸 무척 좋아했다. 매장의 밝고 활기찬 분위기와 직원들의 친절함, 품질의 우수함, 가격적인 메리트가 아내에겐 활력소였다. 아이는 지금도 지나가다 다이소를 보면 미국에서 본 '타깃' 같다고 외친다. 타깃과 다이소 둘 다 빨간색 이미지가 강렬하기 때문인 것 같다. 나는 늘 바쁘다는 말을 입에 달고 산다. 기자의 숙명이라는 건 사실 핑계에 불과하다. 두 사람에게 늘 미안하고 감사한 마음뿐이다.

매경출판의 정혜재 팀장님을 비롯해 많은 분들이 졸저를 빛나게 해주시느라 정말 많은 시간과 노력을 기울이셨다. 신문이나 책이나 글을 쓰는 사람이나 읽는 사람은 잘 모른다. 글이 편집되고 종이에 인쇄되어 세상에 나오기까지 훨씬 더 많은 사람들이 땀을 흘린다는 사실을. 매경출판 관계자 분들께 다시 한 번 감사하다는 말씀을 전하고 싶다.

2024년 5월 문지웅

목차

들어가는 말 4

1부
금융 인사이트

중앙은행은 인플레이션 파이터 16
기준금리, 경기, 물가, 실업률 17　기준금리 인상, 인하 연쇄 효과 18
인플레이션 파이터 19

예적금 우습게 보면 안 되는 이유 23
고전적 저축수단, 정기예금·정기적금 23　금리가 전부다 14
이자소득세 15.4% 아깝다면… 26

대출, 정말 '여신'일까? 28
대출은 여신이다 28　신용대출, 직장인의 마법통장? 29
기본이 30년 '주담대' 31　주담대 기준금리 '코픽스' 32
은행에 금리인하를 요구해보자 35

대출금리에 대한 모든 것 38
대출기준금리와 가산금리 39　고정금리, 변동금리, 혼합금리 40

LTV, DTI, DSR, 주담대 한도를 결정짓는 3가지 45

LTV 담보인정비율 46   DTI 총부채상환비율 47

DSR 총부채원리금상환비율 49

환율과 환전송금 51

환율은 어렵지 않다 52   전신환 매도율? 스프레드? 53

환율우대 기본은 50% 55   수출입에 영향을 주는 금리와 환율 56

외환보유액과 통화스와프 58

외환보유액 58   통화스와프 61

조합과 금고에 대하여 65

조합, 금고 이해하기 66   조합, 금고 이용하기 67   금고의 부실징후 69

우체국 무제한 예금자보호 71

예금자보호 한도 5,000만 원 72   우체국은 무제한 보장 74

뱅크런 76

2부

주식 인사이트

우리나라 주식시장 한눈에 80

대형주, 우량주는 코스피 시장에 81

이차전지가 끌고 바이오가 미는 코스닥 시장 84

주가와 금리, 경기, 그리고 실적 89

금리가 올라가면 주가는 떨어진다? 90   금리와 경기를 같이 봐야 한다 92
과거실적? 미래실적? 그리고 컨센서스 95

PER, PBR, EPS 그리고 PEG 98

채권 ABC 105

채권과 주식 비교 107   표면금리, 만기수익률, 듀레이션 109

뜨거운 감자, 공매도 114

주식을 빌려서라도 파는 공매도 115   이익은 2배, 손실은 무한대 116
대한민국의 공매도 117

IPO, 공모주 그리고 따상 120

IPO 절차와 상장 122   공모주 청약 ABC 123
따상, 따따상은 역사 속으로 128

증자와 감자 130

주식을 공짜로 나눠주는 무상증자 131
악재일 수도 호재일 수도 있는 유상증자 135
아무런 보상 없는 무상감자 137   주주친화적인 유상감자 142

공개매수 145

공개매수가격이 핵심 146   공개매수 양도세 22% 148
의무공개매수제도 도입? 150

3부
부동산 인사이트

한국 주택시장 사다리 걷어차기 154
    내 집 마련은 투기가 아니다 158
    다주택자의 이중적 지위를 인정하자 160

인구와 부동산, 일본처럼 폭락할까? 163
    세계적인 저출산, 고령화, 인구감소 164
    1인 가구와 가구수 증가하는데… 166   결론은 일본식 붕괴? 169

전세 종말, 월세시대는 축복일까? 172
    신규 임대차 계약 절반은 전세 173   주거비 부담 덜어주는 전세 176
    반전세로 가는 길 178

청약제도는 알아야 한다 181
    새 아파트 얼마나 공급되고 있을까? 182   다시 보자 청약통장 183
    1순위, 가점, 추첨 185   분양권 관련 세금의 모든 것 190

재산세 내는데 종합부동산세를 또? 193
    종합부동산세 도입 역사 194   종부세, 누가 얼마나 내고 있나? 196
    1주택 공시가격 12억 원 넘으면 종부세 197

4부
산업 인사이트

대한민국 기업, 산업구조 202
  한국을 움직이는 기업 203   대한민국의 주력산업 206
  기업경쟁력 못 따라오는 법인세 208

무역수지 경상수지 211
  세관 통과해야 무역수지 212
  외국인 배당, 해외여행지출 포함하는 경상수지 214

반도체 산업 분석 전망 217
  반도체 시장, 산업을 한눈에 219   미중 반도체 전쟁 222

이차전지 산업 분석 전망 226
  이차전지의 구조 227   국내 이차전지 소재 밸류체인 230
  이차전지 산업 과제 236

인플레이션 감축법 239

자동차 산업 분석 전망 243
  글로벌 자동차 시장 245   전기차 시대 248

인공지능 시대 254
  특이점으로 가는 변곡점, 챗GPT 256
  엔비디아 쏘아올린 AI반도체 260   AI 부작용과 버블 논란 263

5부
미국 경제 인사이트

미국경제의 핵심 '소비', 월마트와 코스트코 268

　월마트 VS 코스트코 269　작지만 강한 트레이더조 271

세계 경제 쥐락펴락 미연방준비제도 274

　Fed 의장=FRB 의장=FOMC 의장 276

　전 세계가 주목하는 FOMC 278

미국 물가 3대장 유가·월세·전기요금 283

　CPI 대 PCE··· 연준은 PCE 285

　체감물가 286

오퍼레이션 트위스트와 수익률곡선통제 291

미국경제를 떠받치는 힘, 401(k) 295

1부

금융 인사이트

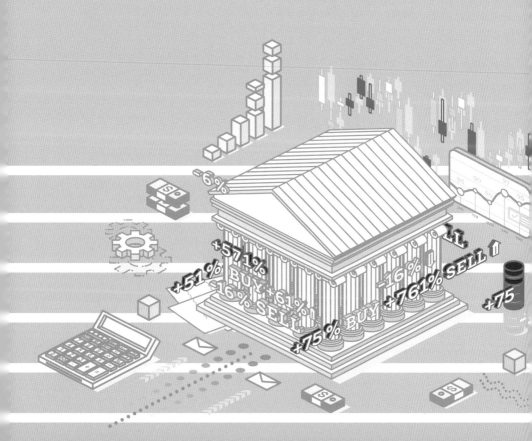

중앙은행은
인플레이션 파이터

각 나라는 '은행의 은행'이라고 할 수 있는 중앙은행을 두고 있다. 우리나라의 중앙은행은 한국은행BOK이다. 미국에는 연방준비제도Fed가 있다. 일본은 일본은행BOJ, 영국은 영란은행BOE이 중앙은행이다. 유럽연합도 유럽중앙은행ECB이라는 하나의 중앙은행을 갖고 있다. 중앙은행은 보통 기준금리(정책금리)를 결정하고 물가안정과 완전고용이라는 두 가지 목표를 추구한다.

사실 세부적으로 들어가면 중앙은행이 하는 일은 더 많고 복잡하다. 시중에 얼마나 돈이 돌아다니게 할지 결정하는 일(통화량 조절)도 한국은행 같은 중앙은행이 하는 중요한 역할 중 하나다. 한국은행의 경우 통화량을 조절하기 위해 국채를 매입(통화량 증가), 매도(통화량 감소)한다. 시중은행에 대한 대출을 늘리는 것도 통화량 증가로 이어진다.

통화량이 늘어나면 화폐 가치가 떨어지게 된다. 시중에 풀린 돈이 많으면 수요-공급 법칙에 따라 화폐가치, 곧 금리가 낮아지게 된다. 시중 금리가 떨어진다는 말은 돈값이 떨어진다는 뜻이다. 돈값이 떨어지니 대출받는 사람이 늘어난다. 또 같은 100원이라도 가치가 떨어졌으니 살 수 있는 물건의 양이 줄어들게 되고 우리는 물가가 올랐다고 느끼게 된다.

기준금리, 경기, 물가, 실업률

한국은행의 통화정책은 매년 8회 열리는 금융통화위원회(금통위)에서 결정된다. 금융안정회의도 중요하지만 우리 삶과 직결되는 회의는 기준금리를 결정하는 통화정책방향 결정회의다.

금통위가 열리면 위원들은 국내외 경제상황을 종합적으로 고려해 기준금리를 결정한다. 기준금리는 초단기 자금시장 금리에 영향을 주고 다시 중기, 장기 자금시장에 영향을 준다. 가끔은 기준금리가 올라도 장기금리가 꿈쩍도 안 하거나 내리는 경우도 있고 그 반대의 경우도 있다. 여러 가지 이유가 있지만 채권시장에서 중앙은행의 기준금리 결정에 대해 의문을 갖고 향후 지금과는 다른 방향으로 기준금리가 결정될 것이라는 예측, 전망을 하기 때문에 나타나는 현상이다. 주식시장이나 채권시장 자금은 지금 당장의 경제 상황, 경기 여건, 금리 등에 영향을 받기도 하지만 장래의 경제, 경기, 금리 전망을 앞당겨 반영할 때도 많다.

한국은행이든 미국 연준이든 기준이 되는 금리를 올리면 시중 금리도 따라 올라간다. 돈의 값이 비싸진다는 뜻이다. 대출이 어려워진다는 뜻과도 같다. 대출이 필요한 기업들의 설비투자가 위축된다. 수천억, 수조 원의 자금이 필요한 각종 개발사업도 취소 또는 연기된다. 실업률도 올라간다.

기준금리 인상, 인하 연쇄 효과

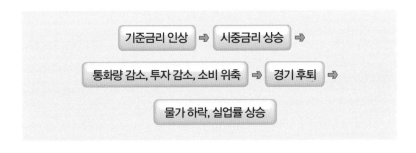

돈 빌리기 어려운 건 일반 시민도 마찬가지다. 경제 상황, 경기 여건이 나쁘다고 생각되니 허리띠를 더 졸라매게 된다. 소비가 확 줄어든다. 물가는 떨어지겠지만 소비가 잘 안 되니 기업들은 수익을 내기 더 어려워진다. 창고에 재고도 쌓인다. 기업은 고용도 줄이게 된다. 실업률이 올라가고 가계소득은 줄어든다.

인플레이션 파이터

그런데 2022~2023년 우리나라는 물론 미국, 영국, 유럽연합 등 주요국 중앙은행은 일제히 기준금리를 꽤 많이 올렸다. 여러 가지 복잡한 이유가 있지만 결정적인 것은 물가, 즉 인플레이션을 잡기 위해서다. 코로나19로 인한 공급망 교란과 러시아의 우크라이나 침공이 결정적 계기가 됐다.

높은 물가를 잡기 위해서 금리를 올리는 건 고전적인 방식이다. 고전적이지만 지금까지 잘 작동해온 방법이다. 보통 한국은행이든 미국 연준이든 기준금리는 한번에 0.25%포인트(25bp)씩 올린다. 내릴 때도 마찬가지다. 하지만 2022년에는 0.50%포인트(50bp), 0.75%포인트(75bp) 인상을 자주 했다. 언론에서는 0.25%포인트를 베이비스텝, 0.50%포인트를 빅스텝, 0.75%포인트를 자이언트스텝이라고 부른다. 한은과 미 연준이 빅스텝, 자이언트스텝을 거듭한 이유는 물가가 너무 가파르게 빨리 올라왔기 때문이다. 물가를

한미 기준금리 추이

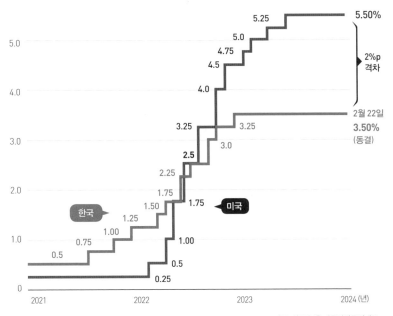

자료: 한국은행, 미국연방준비제도Fed

잡기 위해 경기 둔화, 경기 침체를 무릅쓰고 역사적인 금리 인상 정책을 펼쳤다.

한은도 그렇고 미 연준도 그렇고 인플레이션 목표치는 연 2% 다. 서로 2%를 산출하는 방식은 다르지만 어찌됐건 물가가 7~8% 까지 치솟으면 중앙은행이 개입하지 않을 수 없다.

"인플레이션은 호환마마보다 무섭다"는 말이 있을 정도로 경제 에 심각한 악영향을 미친다. 적당하게 물가가 올라주는 건 경제에 도 플러스 요인이다. 하지만 지나치게 많이 오르는 건 보통 심각한 문제가 아니다. 갖고 있던 돈의 가치가 순식간에 떨어지니 곳곳에서 곡소리가 난다. 그나마 임금인상으로 보완할 수 있는 사람들은 괜찮지만 그렇지 않은 사람들은 생계를 위협받게 된다. 앞으로 물가가 더 오를 것 같으니 사람들은 저축보다 소비를 선호하게 되고 그 바람에 물가는 더 오르게 되는 악순환에 빠진다.

주요국의 인플레이션 목표치

국가	목표
한국	2%
미국	2%
일본	2%
유로존	2%
호주	2~3%
중국	3%

　세계 각국 중앙은행이 인플레이션 파이터가 되어 금리인상에 나섰지만 문제는 좀처럼 경기가 식지 않는다는 점이다. 경기는 실업률로 측정할 수 있는데 금리가 오르고 인플레이션이 둔화되고 있지만 실업률이 좀처럼 올라가지 않는 상황이다. 필립스곡선에 문제가 생겼다는 뜻이다. 전통적인 필립스곡선에 따르면 인플레이션이 잡히면 실업률은 올라가야 맞다. 경기가 수축되고 실업이 늘어야 물가가 안정될 수 있는데 이러다 다시 물가가 치솟으면 보통 문제가 아니다.

　물가를 잡기 위해 금리를 올려도 고용이 탄탄한 건 왜 그럴까? 고용이 탄탄하다는 건 기업의 일자리 공급이 일자리를 찾는 수요보다 많다는 뜻이다. 많은 이유가 있겠지만 최근 금리인상에도 사실상 완전 고용에 가까운 실업률(자연실업률)이 유지되는 이유는 일자리에 대한 개념, 생각이 과거와는 크게 달라졌기 때문인 것으로 보인다.

대기업, 전문직, 고액 연봉을 추구한 게 과거 세대였다면 MZ세대로 대표되는 젊은 세대는 자아실현, 자기만족, 워라밸에 더 큰 가치를 부여한다. 직장, 직업에 대한 관점이 완전 바뀌면서 경기와 상관없이 기업은 만성적인 구인난을 겪는다. 기업은 사람을 구하기 위해 더 높은 연봉을 제시해야 하고, 이러한 임금인상은 물가안정을 방해하는 가장 큰 장애물이 되고 있다.

예적금
우습게 보면 안 되는 이유

은행 거래의 핵심은 예적금과 대출이다. 이걸 굳이 경제학적으로 복잡하게 접근할 필요는 없다. 은행은 우리가 하는 예적금을 받아서 우리 이웃과 기업에 대출을 해준다. 우리에게 4% 금리로 돈을 받아서 5% 금리로 대출을 해주면 1%포인트의 차이가 발생하는데 여기서 인건비 등을 빼면 그게 은행의 주된 수익원이다. 경제의 기초, 금융의 기초는 예적금에서 출발한다.

고전적 저축수단, 정기예금·정기적금

우선 예금이 뭔지 적금이 뭔지 알아보자. 예금은 정기예금의 줄

정기예금 vs 정기적금

비고	정기예금	정기적금
개념	일정한 금액을 한 번에 은행에 넣고 만기일에 원금과 이자를 수령하는 상품	매달 일정한 금액을 적립식으로 불입한 후 만기일에 원금과 이자를 수령하는 상품
예시	1,000만 원 1년 예치 시 만기일에 1,000만 원+이자 수령	매달 10만 원씩 1년 예치 시 만기일에 10만 원×12개월+이자 수령

임말이다. 정기예금은 3개월, 6개월, 1년, 3년 등 정해진 기간 동안 정해진 금액을 은행에 맡겨두면 만기에 이자와 원금을 돌려받는 상품이다. 1년 만기 정기예금이 가장 일반적인 상품이다. 만기를 길게 가져갔다가 중간에 금리가 오르면 낭패다. 만기가 남았는데 중간에 해지(중도해지)하면 가입할 때 받기로 한 금리를 다 못 받을 수도 있다.

예금이 여윳돈, 목돈을 굴리는 수단이라면 적금은 목돈을 만드는 작업이다. 적금은 보통 정기적금을 말하는데, 매달 10만 원, 20만 원씩 1년, 3년 등 정해진 기간 동안 꾸준히 불입하면 만기에 이

정기예금, 정기정금 이자 차이

	정기예금	정기적금
원금	1,200만 원	1,200만 원(매달 100만 원)
이자	60만 원	32만 5,000원

※ 정기예금, 정기적금 금리는 모두 연 5% 가정. 세금 제외.

자와 원금을 돌려준다.

그런데 예금과 적금의 이자 계산을 혼동하는 경우가 많다. 예금은 한 번에 돈을 맡기기 때문에 금리에 이자율을 곱하면 쉽게 이자를 계산할 수 있다. 하지만 적금의 경우 매달 적립하기 때문에 예를 들어, 마지막 달에 적립한 금액은 한 달 치 이자밖에 못 받는다. 반면 첫 달에 불입한 돈은 1년 동안 통장에 머물기 때문에 이자를 많이 받는다.

금리가 전부다

예금, 적금 가입 때 가장 중요한 건 금리다. 당연히 높을수록 좋다. 문제는 모든 은행의 예적금 금리를 다 알기 어렵다는 점이다.

이럴 때는 간단히 두 가지 방법을 사용하면 좋다. 첫 번째는 주거래은행 상품만 알아보는 방법이다. 보통 은행들은 예적금을 가입할 때나 대출을 받을 때 우대금리를 제공한다. 우대금리란 '우리 은행 신용카드를 사용하고 청약통장도 보유하고 있으니 예적금 가입 때 금리를 조금 더 주고, 대출을 받을 때 금리를 조금 더 깎아준다'는 거다. 그래서 보통 주거래은행에서 예적금을 가입하거나 대출을 받는 게 유리한 경우가 많다.

두 번째는 은행연합회 사이트를 이용하는 방법이다. 은행연합회는 은행들이 모여서 만든 협회다. 이 협회에서는 전국의 모든 은행들에서 가입 가능한 예적금 상품의 금리를 쉽게 찾아볼 수 있도록 자료를 제공하고 있다.

이자소득세 15.4% 아깝다면…

은행 예적금에 가입한 후 만기 때 '뭔 세금이 이렇게 많냐'며 깜짝 놀라는 경우가 생긴다. 이자소득세(지방세 포함)를 15.4%나 은행에서 떼고 원금과 이자를 지급하기 때문이다. 실제로 1,200만 원을 1년 동안 5% 정기예금에 가입하면 이자가 60만 원이지만 60만 원의 15.4%인 9만 2,400원을 은행에서 원천징수한다.

이자소득세를 아끼는 방법도 있다. 농협, 신협, 새마을금고에 출자금을 내고 조합원(또는 준조합원)이 되면 3,000만 원 한도로 2025년 12월 31일까지 발생하는 이자에 대해서는 1.4%의 세금(농어촌특별세)만 내면 된다. 2026년 1월 1일부터 2026년 12월 31일까지 발생한 이자에 대해서는 5.9%의 세금을 떼고 이자를 지급받는다. 2027년부터는 9.5% 세금이 부과된다. 이 세율은 또 언제 바뀔지 모르기 때문에 해마다 정부가 발표하는 세제개편안(또는 세법개정안)을 잘 살펴봐야 한다. 또, 출자금은 예금자보호 대상에서 빠지기 때문에 이 부분도 충분히 고려해야 한다.

농협, 신협, 새마을금고를 이용하지 않고 은행을 이용해도 이자소득세를 안 낼 수 있는 방법이 있다. 65세 이상, 장애인, 독립유

상호금융 저율과세

- ○ 자격: 19세 이상 조합원(또는 준조합원)
- ○ 한도: 상호금융권 통합 3,000만 원(원금 기준)
- ○ 대상: 농협, 수협, 신협, 산림조합, 새마을금고
- ○ 세율: 2025년까지 발생한 이자소득 1.4%, 2026년 발생한 이자소득 5.9%, 2027년 이후 발생한 이자소득 9.5% 원천징수

비과세종합저축

- ○ **자격**
  - · 65세 이상인 거주자
  - · 장애인
  - · 독립유공자 유족 또는 가족
  - · 기초생활수급자
  - · 고엽제후유의증환자
  - · 5.18민주화운동부상자
- ○ 한도: 전 금융기관 통합 5,000만 원(원금 기준)
- ○ 세율: 2025년 12월 31일까지 가입하면 0%

공자의 유족(가족), 기초생활수급자 등 조건을 충족하면 5,000만 원까지 비과세 혜택을 받을 수 있다. 물론 원금 기준이다. 이 혜택은 2025년 12월 31일까지 유효하다.

대출,
정말 '여신'일까?

이제 갓 취업한 사회초년생이거나 자산이 넉넉한 사람은 대출과 거리가 멀다. 그래서 '대출=빚쟁이'이라고 생각하기 쉽다. 대출을 받으면 은행에 빚을 지는 거니 빚쟁이가 되는 것은 맞다. 하지만 대출도 잘만 받으면 자산 형성, 부의 축적에 큰 도움이 된다. 어려운 말로 '레버리지 투자'는 더 많은 수익을 내기 위해 대출을 받아서 투자하는 행위를 가리킨다.

대출은 여신與信이다

대출은 여신과 거의 같은 말이다. 여신은 수신과 반대되는 개념이다. 수신은 은행이 고객으로부터 돈을 받는 기능이고 여신은 은행이 고객에게 돈을 제공하는 기능이다. 수신금리는 보통 예금금리를 가리키고, 여신금리는 대출금리와 같은 말로 쓰인다.

여신, 그러니까 대출에는 한 번에 몰아서 받는 건별대출과 정해진 한도 안에서 수시로 뽑아 쓸 수 있는 한도대출이 있다. 건별대출은 보통 주택담보대출(주담대)에서 많이 사용되고, 한도대출은 직장인들의 신용대출, 마이너스통장(마통)에서 사용된다. 흔치 않게 신용대출을 건별대출로 받는 경우도 있다.

대출은 누가 받느냐에 따라 가계대출과 기업대출로 구분된다. 국내 은행 대출에서 가계대출과 기업대출이 차지하는 비중은 대략 절반씩이다. 일반 시민들에게 중요한 것은 당연히 가계대출이다.

신용대출, 직장인의 마법통장?

신용대출이란 집이나 땅 같은 담보 없이 소득이나 재산 등으로 형성된 신용Credit만으로 받는 대출이다. 신용대출의 만기는 보통 1년이고, 한도대출인 마이너스 통장 형태로 취급된다. 직장인들이 흔히 '마이너스 인생'이라고 한탄할 때 마이너스 통장을 사용하고 있다는 뜻이다. 마이너스 통장은 갑자기 목돈이 필요할 때 마법 통장 같은 역할도 하기 때문에 직장인들의 필수품으로 여겨진다.

마이너스 통장 이자는 쓴 만큼 낸다. 한도를 1억 원으로 설정하고 1,000만 원만 쓰고 있다면 1억 원이 아니라 1,000만 원에 대한 이자만 낸다. 한도를 높게 설정하고 오랜 기간 쓰지 않으면 한도를 줄이라는 은행의 연락을 받게 될지도 모른다. 사용하지도 않는 한도를 많이 잡아두는 것은 은행 입장에서 보면 불확실성을 높이는 요인이다.

대체로 신용대출 금리는 주담대보다 높다. 담보대출은 고객이 돈을 빌렸다가 갚지 못하면 은행이 담보를 팔아서 충당할 수 있지만 신용대출은 회수할 길이 막막하기 때문이다. 가끔 신용대출 금리가 주담대보다 낮은 경우도 있다. 아주 좋은 직장에 다니거나 고소득 전문직인 경우 신용대출 금리가 주담대 금리보다 낮을 수도 있다.

신용대출을 취급하는 곳은 은행 외에도 많다. 새마을금고나 신협도 하고 저축은행도 한다. 대부업체에 가도 신용대출을 받을 수 있다. 하지만 은행보다 모두 금리가 높다. 시중은행에서 신용대출을 받을 때 금리가 가장 낮다고 봐도 무방하다. 카카오뱅크, 케이뱅크 같은 인터넷전문은행이 인건비 임대료 등을 줄여 시중은행보다 낮은 신용대출 금리를 제공하기도 한다.

증권사에서도 신용대출을 취급하는 데 용어가 좀 다르다. 신용거래융자, 줄여서 신용융자라고 부른다. 신용융자는 주식투자를 할 때 100만 원이 필요한데 50만 원밖에 없을 때 증권사에서 50만 원을 빌려서 주식을 사고 만기가 되면 주식을 팔거나 자기 돈으로 갚아야 하는 대출이다. 자기 돈도 없는데 주가까지 곤두박질 치면

말 그대로 깡통계좌가 된다. 주가가 너무 떨어지면 증권사가 강제로 주식을 처분해서 일단 원금부터 회수하려고 하는데 이걸 '반대매매' 또는 '반대매도'라고 한다.

신용카드를 사용하는 것도 한국은행에서는 가계신용이라고 부르고 넓은 의미에서 신용대출로 분류된다. 신용카드 사용은 외상구매와 같기 때문이다. 외상은 곧 대출을 의미한다. 지금 신용카드를 긁고 한 달 후에 대금 결제가 이뤄지기 때문에 한 달 동안 사실 대출을 받은 것과 같은 효과를 낸다. 한국은행의 가계신용 통계는 우리나라 사람들이 빚을 얼마나 지고 사는지 가장 광범위하게 알려준다. 뉴스에서 가구당 빚이 얼마라고 할 때 기준이 되는 게 가계신용잔액이다. 가계신용잔액을 가구수로 나누면 가구당 빚이 된다.

한국은행에 따르면 2023년 말 기준 가계신용 총 규모는 1,886조 4,000억 원이다. 가계대출은 1,768조 3,000억 원, 신용카드 사용에 따른 판매신용은 118조 1,000억 원이다.

기본이 30년, 주담대

주택담보대출을 '가계대출의 꽃'이라고 하니 뭔가 반어법 같기도 하고, 비꼬는 것 같기도 하다. 대출이 투자를 위한 재원이 되기도 하지만 어쨌든 빚이기 때문에 꽃이라고 칭송할 것까지는 없지 않나 싶다. 그럼에도 불구하고 우리나라 가계대출의 60%가 자기 집을 담보로 맡기고 은행 등 금융기관에서 돈을 빌리는 주담대이기 때문에 그만큼 중요하다는 뜻으로 받아들이면 좋을 것 같다.

주담대는 주택을 금융기관에 담보로 제공하고 받는 대출을 말한다. 간단한 것 같지만 막상 대출을 받으러 가보면 서류도 많고 여간 복잡한 게 아니다. 대부분 은행에서 주담대를 받기 때문에 우리는 은행에서 어떻게 주담대를 잘 받을 수 있는지만 알아도 충분하다.

주담대 기준금리 '코픽스'

주담대를 받을 때 금리보다 더 중요한 건 없다. 길게는 50년 동안(만기 50년) 갚아야 하는 대출이기 때문이다. 1~2년 빌리고 마는 대출도 금리가 중요한데 주담대는 더 말할 필요도 없다.

주담대도 신용대출과 마찬가지로 '기준금리＋가산금리－우대금리'라는 체계로 금리산정이 이뤄진다. 기준금리로는 코픽스COFIX 금리나 금융채 금리가 많이 쓰이고 가산금리는 대출을 받는 사람마다 다 다른데 은행이 돈 빌리는 사람의 부도 위험, 대출종류, 마진 등을 고려해 산정한다.

기준금리로 요즘 가장 많이 쓰이는 건 코픽스 금리다. 우리는 코픽스 금리가 어떻게 산출되는지 산출공식까지 알 필요는 없다. 공식에 따라 산출되는 코픽스 금리가 금융채나 다른 금리와 비교해서 높은지 낮은지, 앞으로 오를지 내릴지 아는 게 진짜 중요한 부분이다.

코픽스는 은행연합회가 국민, 신한, 하나, 우리은행 등 국내 8개 은행의 자금조달 정보를 취합해 평균을 내서 산출한다. 예금, 적금, 금융채 등을 통해 은행은 자금을 조달한다. 이렇게 조달한 자금들의 규모와 금리를 반영해 평균을 내서 코픽스 금리가 나오게 된다. 코픽스 금리는 은행들의 자금조달 원가라고 봐도 무방하다. 결국 은행은 가산금리를 통해 마진을 확보하게 된다. 예대마진은 거의 가산금리에서 발생한다.

코픽스는 신규취급액기준 코픽스, 잔액기준 코픽스, 신 잔액기준코픽스, 단기 코픽스 등 4가지 종류가 있다. 거의 대부분 신규취급액기준과 잔액기준이 사용되기 때문에 이 2가지만 알아도 무방하다. 신규취급액기준 코픽스가 아무래도 잔액기준 코픽스보다 시장의 금리변동에 민감한 편이다. 잔액기준은 동작이 좀 느리다. 따라서 금리인상기라면 잔액기준이 더 느리게 오르고, 금리하락기라면 잔액기준이 더 느리게 떨어진다.

코픽스의 종류

신규취급액기준 COFIX	잔액기준 COFIX	신 잔액기준 COFIX	단기 COFIX
공시일 : 2024. 02. 15	공시일 : 2024. 02. 15	공시일 : 2024. 02. 15	공시일 : 2024. 03. 13
3.66%	**3.84%**	**3.29%**	**3.66%**
다음 공시일 : 2024. 03. 15	다음 공시일 : 2024. 03. 15	다음 공시일 : 2024. 03. 15	다음 공시일 : 2024. 03. 20

자료: 은행연합회 홈페이지

신규취급액코픽스와 잔액기준코픽스 중에서 어떤 금리를 기준 금리로 선택할지는 돈 빌리는 사람이 정하게 된다. 문제는 대출기간이 짧게는 수년에서 길게는 50년이기 때문에 당장 내일 금리도 예측하지 못하는 상황에서 50년간의 금리를 예측하기 어렵다는 점이다. 따라서 금리 상승, 하락에 대한 예측, 전망은 1~2년 정도만 봐도 충분하다.

현재 잔액기준코픽스 금리가 낮고 앞으로 1~2년 금리가 오를 것 같으면 전액기준코픽스를 기준금리로 채택해야 한다. 반대로 현재 잔액기준코픽스 금리가 높고 앞으로 1~2년 금리가 내릴 것 같으면 신규취급액기준 코픽스 금리를 기준금리로 채택하는 게 옳다. 그 이후는 신도 모르는 영역이기 때문에 예측, 전망이 다 무의미하다.

은행에서 기준금리를 '신규코픽스기준금리(6개월 변동금리)'라고 제시하면 이건 대출받는 시점의 신규취급액기준 코픽스 금리가 6개월 후에 바뀌면 바뀐 금리를 다시 기준금리로 삼는다는 뜻이다.

금리 상승기, 하락기 기준 금리 선택

대출 기준금리 수준	금리 상승, 하락 전망	기준금리 선택
신규취급액기준 > 잔액기준	상승기	잔액기준
신규취급액기준 > 잔액기준	하락기	큰 차이 없음
신규취급액기준 < 잔액기준	상승기	큰 차이 없음
신규취급액기준 < 잔액기준	하락기	신규취급액기준

금융채 금리도 주담대 기준금리로 사용된다. 금융채는 금융기관이 발행하는 무담보 채권으로 신용등급별로, 만기별로 유통금리가 수시로 바뀐다. 금융채는 은행의 중요한 자금조달 방법 중 하나인데 대출재원, 조달원가를 금융채 조달 비용으로 보겠다는 뜻이다.

은행에 금리인하를 요구해보자

신용대출은 물론 주택담보대출도 금리 산출은 '기준금리＋가산금리－우대금리' 공식을 따른다. 기준금리는 코픽스 아니면 금융채 금리 중에서 선택한다. 코픽스 중에선 신규취급액기준 코픽스나 잔액기준 코픽스 중에 하나를 선택하면 된다. 가산금리는 신용등급, 대출종류, 대출기간, 은행 마진 등을 고려해 산출된다.

신용대출은 대체로 대출기간이 1년이다. 1년이 다가오는데 신용에 별 이상이 없고 대출을 더 쓰고 싶다면 연장할 수 있다. 연장 시점에 금리는 다시 산정된다. 하지만 주담대는 30~40년 동안 받고 보통 6개월마다 금리가 바뀐다. 30~40년 동안 금리가 고정되는 고정금리 대출도 있지만 고정금리 대출은 금리인하기에 굉장히 불리할 수 있다. 30~40년 동안 금리가 어떻게 변할지 모르기 때문에 고정금리 대출금리가 1~2%대로 엄청나게 낮지 않은 이상 변동금리 대출이 유리할 수 있다.

대출기간이 길고 대출금액도 큰 주담대는 금리 1%포인트 차이가 크다. 예를 들어, 3억 원을 30년 동안 대출받고 금리가 5%, 원리금균등분할상환 조건이라면 매달 내야 할 원금＋이자＝원리금이 161만 465원이다. 하지만 금리가 6%라면 매달 갚아야 할 원리금은 179만 8,652원으로 불어난다.

내가 받는 금리가 지나치게 높다고 생각될 때 우리는 대출을 받고 있는 은행이나 보험사 카드사 저축은행 신협 새마을금고 등에 금리인하요구권을 행사할 수 있다. 쉽게 말해서 '지금 내가 받고 있는 금리가 내 신용상태를 고려할 때 너무 높으니 내려달라'고 요구하는 거다. 따라서 금리인하요구권은 본질적으로 기준금리는 건드리지 못한다. 대신 신용상태 개선을 가산금리 산정에 반영해 가산금리를 낮춰 대출금리를 끌어내리게 만든다.

하지만 금리인하요구권 수용률은 아주 낮은 수준이다. 금리인하요구권이 있다는 사실조차 모르는 사람이 많다. 또 신용상태 개선 없이 금리인하를 요구해봐야 은행에서 받아줄 리가 없다. 이런저런 이유로 국내 금융기관의 금리인하요구권 수용률은 2022년 상반기 기준으로 28.8%에 그친다. 웬만해선 은행이나 보험사 등에서 금리할인을 받기 어렵다는 뜻이다. 금리인하 대상인 가산금리에 은행의 마진이 포함되기 때문이다.

그럼 언제 금리인하요구권을 행사해야 은행 등 금융기관들이 가산금리를 깎아줄까? 취업, 승진(임금상승), 재산증가, 신용상태 개선 등이 법에 나온다. 거래하는 은행에 저축이 늘고 대출 이자와

5대 은행 금리인하요구권 수용률

단위: %

가계대출	
NH농협은행	60.5
우리은행	46.1
KB국민은행	37.9
하나은행	32.3
신한은행	29.0

기업대출	
하나은행	76.1
우리은행	61.8
KB국민은행	40.0
신한은행	37.6
NH농협은행	32.2

※ 2022년 상반기 기준.

자료: 금융감독원

원금을 꼬박꼬박 잘 갚으면 재산증가와 신용상태 개선으로 반영될
확률이 높다. 은행은 금리인하요구를 받으면 10영업일 안에 금리
를 깎아줄지 말지 답을 줘야 한다.

대출금리에 대한
모든 것

예적금에 적용하는 금리는 수신금리, 대출에 적용하는 금리는
'대출금리' 또는 '여신금리'라고 표현한다. 예적금 수신금리는 가입
시점에 금리가 확정되고 변하지 않기 때문에 우대금리만 잘 챙겨
보면 된다.

하지만 대출금리는 다르다. 대출금리를 한 번 잘못 설정하면 평
생 고생한다. 특히 주택담보대출은 금액도 크고 보통 30~40년 장
기로 받기 때문에 금리를 잘 알아보고 선택해야 한다. 기준금리는
고정금리로 할지 변동금리로 할지, 가산금리는 어떻게 해야 더 낮
출 수 있을지 심각하게 고민하지 않으면 경제적 자유는 멀어진다.

대출기준금리와 가산금리

대출기준금리는 은행이 대출을 해줄 때 기준으로 삼는 금리를 가리킨다. 일반적으로 가장 많이 사용되는 기준금리로는 코픽스 금리와 금융채 금리가 있다. 둘 다 은행의 자금조달 원가를 반영해 산출된다. 코픽스 금리는 은행연합회에서 8개 시중은행에서 자료를 받아 매달 1회(15일) 발표하고 금융채 금리는 신용평가사들이 매일 발표하기 때문에 아무래도 시중금리 변동(상승 또는 하락) 시 민감도는 금융채 금리가 더 높다. 과거 대출기준금리로 주로 사용됐던 CD금리의 경우 최근엔 거의 사용되지 않는다.

기준금리가 은행의 자금조달 원가를 반영한 금리라면 가산금리는 사실상 은행의 마진이라고 봐도 무방하다. 은행은 돈 빌리는 사람이 대출을 제대로 갚지 못할 위험(부도위험)을 고려해 가산금리를 책정한다. 따라서 돈 빌리는 사람의 소득이나 재산 신용도가 중요하다. 대출종류, 대출기간도 가산금리에 영향을 준다. 따라서 가산

코픽스, CD금리, 금융채금리의 특징

	발표기관	내용
코픽스COFIX	은행연합회	자금조달비용지수 Cost of funds index로 잔액기준, 신규취급액기준, 단기 COFIX 3종류 은행들의 자금조달비용을 반영한 가중평균금리
CD금리	금융투자협회	은행이 발행하는 CD(양도성 예금증서)의 금리
금융채금리	신용평가회사	시중은행 및 금융회사가 발행하는 무담보 채권

자료: 금융감독원 https://fine.fss.or.kr/main/prc/lo/sub/lo005.jsp

가산금리

가산금리란 대출기준금리와 더불어 대출금리를 구성하는 리스크프리미엄, 유동성프리미엄, 신용프리미엄, 자본비용, 업무원가, 법적비용, 목표이익률, 가감조정 전결금리 등을 의미한다. 가산금리를 구성하는 주요 항목은 다음과 같다.

- **리스크프리미엄**: 자금조달금리와 대출기준금리 간 차이 등
- **유동성프리미엄**: 자금재조달의 불확실성에 따른 유동성리스크 관리비용 등
- **신용프리미엄**: 고객의 신용등급, 담보 종류 등에 따른 평균 예상 손실비용 등
- **자본비용**: 예상치 못한 손실에 대비하여 보유해야 하는 필요자본의 기회비용 등
- **업무원가**: 대출취급에 따른 은행 인건비·전산처리비용 등
- **법적비용**: 보증기관 출연료와 교육세 등 각종 세금
- **목표이익률**: 은행이 부과하는 마진율
- **가감조정 전결금리**: 부수거래 감면금리, 은행 본부/영업점장 전결조정금리 등

자료: 은행연합회

금리는 돈 빌리는 사람의 신용등급이 높으면 낮게 나오고, 신용등급이 낮으면 높게 산출된다.

고정금리, 변동금리, 혼합금리

대출을 받을 때 우리는 고정금리 대출을 받을지 변동금리 대출을 받을지 아니면 혼합금리 대출을 받을지 선택의 기로에 서게 된

다. 고정금리는 처음 대출받을 때의 금리가 대출기간 내내 변하지 않는다. 변동금리는 3개월, 6개월 등 일정기간마다 바뀐 기준금리를 적용한다. 변동금리라고 해서 가산금리가 바뀌는 건 아니다. 그리고 혼합금리는 3년, 5년 등 일정기간 동안은 고정금리를 적용하고 그 이후부터는 변동금리를 적용하는 대출에 사용된다.

얼핏 생각하면 고정금리 대출이 유리할 것 같다. 하지만 반드시 그런 게 아니기 때문에 우리는 대출을 받을 때 머리가 아주 복잡해진다. 은행원도 고정금리가 유리한지 변동금리가 유리한지 확답을 줄 수 없다.

대출을 받을 때 보통 고정금리가 변동금리보다 살짝 높다. 그러니까 우리는 변동금리에 눈이 쏠린다. 하지만 금리가 급격하게 올라가는 때라면 순식간에 변동금리가 고정금리를 추월할 수 있다. 이런 경우엔 당연히 고정금리를 선택해야 한다. 반대로 순식간에

고정금리, 변동금리, 혼합금리의 운용 형태

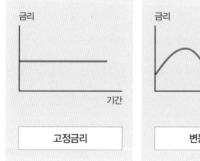

고정금리

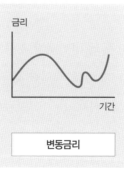

변동금리

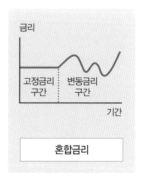

혼합금리

금리가 내려갈 것 같으면 변동금리를 선택해야 유리하다.

문제는 그 누구도 앞으로 금리가 오를지 내릴지, 얼마나 오를지 얼마나 내릴지 모른다는 데 있다. 금리는 주가, 유가, 환율만큼이나 예측하기 어렵다. 대출기간이 30~40년이나 되는 주택담보대출을 받을 때 고정, 변동, 혼합 중 어떤 금리를 선택하는 게 유리한지 파악하는 건 불가능한 일이다.

혼합금리는 절충안이다. 앞으로 금리가 어떻게 될지 모르니 일단 3년 또는 5년간 금리는 고정시키고 그 이후에 변동금리를 적용받는 콘셉트다. 만약 3년 후에 금리가 대출을 받을 때의 금리보다 훨씬 올라갔다면 중도상환수수료 면제 조건을 잘 살펴 대출금 총액을 낮춰 이자부담을 덜 수 있다. 다시 정리해보면 다음과 같다.

첫째, 고정금리로 2%대라면 고정금리 대출을 선택하는 게 마음 편한 길이다. 왜냐하면 한국은행 통계(신규취급액 기준 은행 주택담보대출금리)를 보면 지난 20여 년간 주담대 금리가 1%대로 떨어진 경우는 없기 때문이다. 2%대라면 사실상 최저 금리 수준이라고 볼 수 있다는 뜻이다. 따라서 대출받는 시점에 변동금리가 조금 더 낮다고 변동금리를 선택할 경우 금리상승기에 엄청난 고통을 겪을 수 있으니 고정금리를 선택하는 게 정신건강에 유익하다.

둘째, 2022년처럼 누가 봐도 확실한 금리상승기라면 고정금리 대출을 선택하는 게 옳은 선택이다. 고정금리가 변동금리보다 조금 더 높아도 금세 역전될 수 있기 때문에 대출 시점에 변동금리가 낮다고 선택했다가는 크게 후회할 수 있다.

셋째, 비록 30년 만기로 대출을 받았지만 3년 이후에 모두 갚을 생각이라면 변동금리 대출이 일반적으로 고정금리보다 이자부담이 적어 유리하다. 3년을 예로 든 이유는 보통 주담대는 3년이 지나면 중도상환수수료가 면제되기 때문이다. 그 전에는 목돈이 생겨서 대출을 일부 또는 전부 상환하려고 해도 중도상환수수료가 나오기 때문에 갚기가 어렵다. 급격한 금리인상기라면 대출받은 후 한두 달 만에 고정금리보다 변동금리가 치솟을 수 있지만 그런 경우만 아니라면 출발금리가 낮고 앞으로 고정금리보다 더 올라갈 가능성이 낮은 변동금리를 선택해야 이자부담을 줄일 수 있다.

다음 자료와 같이 D기간 전까지는 변동금리가 유리하다. 하지

변동금리와 고정금리 비교

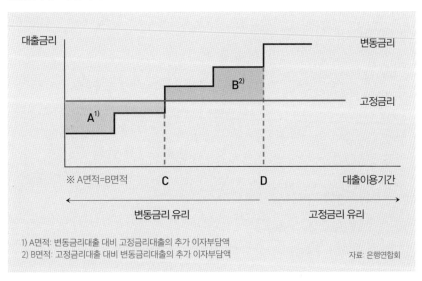

1) A면적: 변동금리대출 대비 고정금리대출의 추가 이자부담액
2) B면적: 고정금리대출 대비 변동금리대출의 추가 이자부담액

자료: 은행연합회

만 금리가 더 올라버리는 D기간 이후에는 B의 면적이 더 커지기 때문에 고정금리 대출이 유리하다. 금리인상기라도 변동금리로 대출을 받고 D기간 경과 전에 대출을 모두 갚는다면 고정금리보다 변동금리가 이자부담이 적다.

LTV, DTI, DSR
주담대 한도를 결정짓는 3가지

앞서 우리는 주택담보대출에서 가장 중요한 금리에 대해 살펴봤다. 그런데 금리만큼 중요한 게 또 있다. 바로 대출한도다. 아파트를 사기 위해 필요한 대출은 3억 원인데 2억 원밖에 대출이 안된다면 낭패다. 집 사는 걸 포기하거나 은행보다 금리는 높지만 3억 원까지 다 빌려주는 은행 외의 다른 금융기관으로 가는 두 가지 길뿐이다.

우리나라에서 주담대를 받기 위해서는 대출한도를 결정하는 LTV, DTI, DSR를 반드시 알아야 한다. 부동산 관련 금융정책이 하도 자주 바뀌어서 각각의 비율을 다 외울 수는 없다. 굳이 다 외울 필요도 없다. 대출 상담을 받을 은행에서 알아서 다 알려주기 때문이다. 다만 우리는 상담받기 전에 미리 내가 사려고 하는 집을 탐색하는 과정에서 대출을 받을 수는 있는지, 대출을 받는다면 얼마나 받을 수 있는지 대략적으로 가늠해보기 위해 각각의 비율이 산출되는 과정과 원리를 알아둘 필요가 있다.

LTV 담보인정비율

$$\frac{\text{담보대출금액} + \text{선순위채권} + \text{임차보증금 및 최우선변제 소액임차보증금}}{\text{담보가치}}$$

LTV$_{\text{Loan-To-Value ratio}}$는 대출 한도를 정할 때 가장 기본이 되는 비율이다. 시세가 5억 원인 아파트에 대해 LTV가 70%라면 3억 5,000만 원까지 일단 대출이 가능하다는 뜻이다. 이때 LTV 비율이 70%인지 80%인지는 부동산 정책에 따라 정해지는 투기지역인지 투기과열지구인지 조정대상지역인지 등에 따라 달라진다. 또 무주택자인지 유주택자인지에 따라서도 비율이 높아지기도 하고 낮아지기도 한다.

서울 영등포구를 예로 들어보자. 영등포구는 서울이지만 2022년 초 규제지역에서 제외됐다. 따라서 투기지역도 아니고 투기과열지구도 아니다. 조정대상지역도 아니다. 무주택자인 A씨가 서울 영등포구 아파트(가격과 무관)를 구매하려고 할 때는 LTV 70%를 적용받는다. 만약 A씨가 생애처음 내 집 마련에 나선 사람이라면 LTV 비율은 80%로 올라간다. 반면, A씨가 이미 1주택자라면 LTV 비율은 50%로 내려간다.

LTV를 계산할 때 한 가지 주의할 점이 있다. 5억 원 아파트에 LTV가 50%라고 2억 5,000만 원 한도가 실제로 주어지는 건 아니라는 점이다. 소액임차보증금 공제를 하기 때문이다. 일명 '방공제'라는 부분이다. 왜 방공제를 할까? 소액임차보증금은 집에 문제가 생겼을 때 세입자가 가장 먼저 받을 수 있는 돈이다. 은행 대출이 먼저 나갔다고 해도 세입자는 이 돈을 가장 먼저 돌려받을 수 있다. 따라서 은행은 나중에 무슨 일이 생길 경우를 대비해 미리 한도에 차감한다. 서울의 경우 2023년 현재 5,500만 원을 공제한다. 따라서 위 사례에서 실제 한도는 2억 5,000만 원에서 5,500만 원을 차감한 1억 9,500만 원이 된다.

DTI 총부채상환비율

$$\frac{\text{해당 주택담보대출 및 기존 주택담보대출의 연간 원리금 상환액} + \text{기타부채의 연간이자상환액}}{\text{연소득}}$$

LTV$_{\text{Loan-To-Value ratio}}$는 주택 가격을 기준으로 대출 한도를 정한다. 그런데 이것만 있는 게 아니다. 돈 빌리는 사람의 대출상환 능력을

주택 관련 담보대출 등에 대한 리스크 관리 기준

구분	투기지역	투기과열지구	조정대상지역	수도권
총부채상환비율	40% 이내	40% 이내	50% 이내	60% 이내

알아보는 DTI 기준이 추가된다. DTI는 소득 대비 연간 부채상환 부담이 얼마나 되는지 측정하는 지표다. LTV와 마찬가지로 DTI로 비율이 높을수록 대출 한도가 늘어난다.

　DTI는 돈 빌리는 사람의 주택담보대출 연간 원리금 상환액과 다른 대출의 연간 이자 상환액을 연간 소득으로 나눠서 산출한다. 소득이 많이 잡히고 기존에 대출이 별로 없다면 DTI 산정에 유리하고 반대로 소득이 적게 잡히는 데 기존 대출이 있다면 DTI 산정에 불리하게 작용한다.

　2023년 6월 현재 DTI는 투기지역 40%, 투기과열지구 40%, 조정대상지역 50%, 투기지역 등에 해당하지 않는 수도권은 60% 한도를 적용하고 있다. 신축 아파트 중도금대출은 DTI 규제를 받지 않는다. 또, 투기지역 등 규제지역 외의 신축 아파트라면 입주 시 진행하는 잔금대출도 DTI 적용대상에서 제외된다. 무주택자이거나 생애최초 주택구매자라면 DTI 한도를 60%까지 보장받을 수 있다. 2023년 6월 현재 전국에 남아 있는 투기지역, 투지과열지구 등 규제지역은 서울 강남3구(강남, 서초, 송파)와 용산구뿐이다.

　예를 들어, K씨는 연소득이 5,000만 원인 무주택자다. 지금 신용대출이 5,000만 원이 있는데 금리가 5%로 연간 이자납부액은

250만 원이다. K씨는 서울 영등포구 소재 10억 원 아파트를 구매하려고 대출을 알아보고 있다. LTV는 70%, DTI는 60%가 적용된다. LTV로 산출한 대출 가능한도는 10억 원×70% - 5,500만 원(소액임차보증금)=6억 4,500만 원이다. DTI를 적용하면 X+250만 원/5,000만 원=60%로 X=2,750만 원이다. 이번에 주담대를 받아 1년에 갚는 원리금이 2,750만 원이 넘지 않으면 된다는 뜻이다. 만약 만기 30년, 금리가 5%라면 대출 한도는 4억 원 정도로 계산된다. 따라서 LTV로는 6억 4,500만 원이 나오지만 DTI로 4억 원 한도가 나오기 때문에 K씨는 4억 원까지 대출을 받을 수 있다.

DSR 총부채원리금상환비율

$$\frac{금융회사 대출의 연간원리금 상환액}{연소득}$$

주담담보대출의 한도를 결정짓는 또 하나가 바로 DSR$_{Debt-Service-Ratio}$이다. 기존에는 LTV, DTI만 있었는데 가계부채 문제가 심각해지자 금융당국에서 DSR이라는 규제까지 도입했다.

DSR는 DTI와 유사하지만 DTI보다 훨씬 강력한 규제다. 즉, DTI는 돈 빌리는 사람의 주택대출 원리금과 기타 대출 이자 납부액이 연봉에서 얼마나 차지하는지 나타낸다. 하지만 DSR은 모든 금융기관에서 받은 대출의 연간 원리금 상환액이 연봉에서 차지하는 비중을 의미한다. 따라서 DSR의 분자는 DTI의 분자와 같거나 클 수밖에 없다.

DSR 규제는 2023년 3월 총 대출 1억 원 초과 시 40%(비은행 50%)로 정해져 있다. 보통 주담대는 은행에서 많이 받기 때문에 은행 40%라는 수치가 중요하다.

앞선 K씨의 예(연봉 5,000만 원, 기존 신용대출 5,000만 원 금리 5% 연간 이자 납부액 250만 원, 무주택자, 서울 영등포 10억 원 아파트 구매하기 위해 주담대 알아보는 중)에서 LTV 70%는 6억 4,500만 원, DTI 40%는 4억 원이다.

하지만 DSR를 적용하면 대출 한도가 확 줄어든다. DTI는 신용대출 5,000만 원에 대해 이자 250만 원만 반영하지만. DSR는 신용대출을 만기 5년 원리금균등분할상환 조건으로 간주해 원리금 94만 원×12개월=1,128만 원을 반영하기 때문이다. 즉, X+1,128만 원/5,000만 원=40%를 충족하는 X는 972만 원이다. 주담대를 받을 때 1년에 갚아야 하는 원리금이 972만 원을 넘으면 안 된다는 뜻이다. 30년 만기, 금리 5%로 가정할 때 한도는 약 1억 5,000만 원으로 나온다. DTI만 적용했을 때보다 한도가 2억 5,000만 원이나 줄어든다. DSR이 얼마나 강력한 대출규제인지 다시 한 번 알 수 있는 대목이다. 만약 K씨가 마이너스 통장을 없애면 연간 주담대 원리금 상환액이 2,000만 원을 넘지 않으면 되기 때문에 주담대 한도는 약 3억 원까지 늘어나게 된다.

환율과
환전송금

　코로나19로 봉쇄됐던 해외여행, 해외출장이 정상화되면서 달러, 유로, 엔 등으로 환전해야 할 일이 많아졌다. 벌써 몇 년간 발이 묶여 있다 보니 은행 가서 환전은 어떻게 해야 좋은지, 해외송금은 어떻게 하는 게 효과적인지 잊은 사람이 많다. 일 년에 한두번 경험하는 일이다 보니 생각이 안 나는 건 당연하다. 국내에만 머물면 사실 환전, 송금은 전혀 신경 쓸 일이 없다. 환율도 마찬가지다. 환율이 올라서 큰일이라는 뉴스를 접해도 전혀 신경 쓸 일이 없지만 다시 전 세계 국경이 열리면서 환율은 민감한 이슈가 됐다.

환율은 어렵지 않다

환율은 영어로 'Foreign Exchange Rate' 또는 'Currency Exchange Rate'라고 한다. 통화의 교환비율 정도로 번역할 수 있다. 교환비율은 외환시장에서 정해진다. 달러를 예로 들어 보자. 원화 강세는 달러 약세와 같은 뜻이다. 반대로 원화 약세는 달러 강세와 같다. 원화 강세는 원화 가치가 높다는 뜻이기 때문에 달러/원 환율(일반적으로 말하는 원 달러 환율)은 내려간다. 반면 원화 가치가 내려가고 달러가 강세가 되면 달러/원 환율은 올라간다.

우리는 보통 환율이라고 하면 원 달러 환율과 같은 의미로 사용한다. 그렇지만 엄밀하게는 '달러/원 환율'이 맞다. 그래서 경제뉴스를 볼 때 헷갈리는 경우가 많다.

각 통화별로 환율이 1일/1주/1달/연중/1년/3년간 얼마나 오르고 내렸는지 알 수 있는데 다소 어렵게 느껴지는 이유는 통화별 표기법이 다르기 때문이다. 우리는 환율을 '달러$_{USD}$/원$_{KRW}$'으로 표기하지만 유로와 달러의 교환비율은 '유로$_{EUR}$/달러$_{USD}$'로 표기한다. 즉, 우리는 1달러당 원화로 얼마인지 나타내지만 유로는 1유로당 몇 달러인지 표시한다. 따라서 달러/원 환율이 오르면 원화 약세지만 유로/달러 환율이 오르면 유로 강세다.

2022년 9~10월 유로/달러 환율이 1달러 아래로 내려갔다. 20년 만에 유로/달러 환율이 1달러 아래로 내려가서 패리티(균형, 등가 가치)가 붕괴됐다는 뉴스가 쏟아졌다. 유럽 에너지 위기로 유럽 경제가 힘들어지면서 유로 가치가 크게 떨어져서 나타난 현상이다. 하지만 2023~2024년 초 유로 환율은 더 이상 1달러 아래로 내려가지 않고 비교적 안정된 모습이다.

전신환 매도율? 스프레드?

복잡한 환율이론은 알 필요 없다. 우리가 은행에 가서 환전, 송금을 할 때 조금이라도 덜 손해를 보려면 내가 하는 거래에 따라 적용되는 환율의 종류만 잘 알아도 충분하다.

우선 매매기준율(기준환율)이 있다. 매매기준율은 각 은행마다 다르다. 은행마다 환율에 비용을 감안해 마진을 붙여서 시시각각 발표하기 때문이다. 우리나라에는 서울외환국중개에서 월~금 오전 8시 30분경 고시하는 매매기준율이 있고, 이 매매기준율을 바탕으로 각 은행이 자체적인 매매기준율을 수시로 발표한다. 보통 언론에서 말하는 환율은 서울외환국중개에서 아침마다 고시하는 오늘의 매매기준율을 가리킨다.

각 은행에서 수시로 고시하는 매매기준율은 거의 대동소이하기 때문에 환전, 송금을 할 때 은행별로 기준환율을 모두 비교할 필요는 없다. 문제는 은행에 가면 매매기준율만 있는 게 아니라는 점이다. 현찰 살 때 환율, 현찰 팔 때 환율, 송금 보낼 때 환율, 송금 받을 때 환율 등 다양하다.

다음 표는 우리은행에서 고시한 환율 예시다. 여기서 기준환율은 이날 아침 서울외환국중개에서 발표한 대한민국의 원 달러 매매기준율이다. 그리고 이 표에 나온 매매기준율이 우리은행에서 수시로 업데이트하면서 은행 입장에서는 마진을 결정하고 고객 입장에서는 환전비용을 결정하는 기준이 되는 환율이다.

우선 현찰부터 보면 매매기준율은 1323.50원이지만 고객이 현찰을 살 때 환율은 1346.66원이다. 매매기준율보다 1.75%(23.16원) 비싸다. 이걸 스프레드율이라고 표기하고 있다. 두 환율의 차이를 의미한다. 만약 은행에서 50% 환율우대를 해준다면 스프레드는 11.58원으로 줄어들어 1335.08원에 1달러 현찰을 살 수 있다.

송금 환율은 전신환 환율이다. 현찰이 왔다 갔다 하는 게 아니라 사실은 달러가 전산으로 오고가기 때문이다. 그런데 어떤 은행에서는 전신환 매도율, 전신환 매입율이라는 어려운 용어를 쓰기

우리은행 환율 예시

현찰 살 때	1346.66원
송금 보낼 때(전신환 매도율)	1336.30원
매매기준율	1323.50원
서울외국환중개 기준환율	1317.40원
송금 받을 때(전신환 매입율)	1310.70원
현찰 팔 때	1300.34원

도 한다. 전신환 매도율은 송금 보낼 때 환율과 같고, 전신환 매입율은 송금 받을 때 환율과 같다. 전신환 매도율은 우리가 국내에서 발급받은 신용카드를 해외에서 사용할 때도 적용되기 때문에 알아둘 필요가 있다.

다음 표에서 보면 이날 우리은행에서 달러를 해외로 보낼 때 적용하는 환율은 1336.30원으로 매매기준율인 1323.50원보다 12.8원 비싸다. 하지만 달러 현찰을 살 때 환율인 1346.66원보다는 저렴하다. 여기서 우리는 은행에서 환전, 송금을 할 때 서울외환국환중개의 기준환율은 잊어도 된다. 이건 은행 간 거래에서 적용된 환율일 뿐 고객들과는 무관하기 때문이다.

환율우대 기본은 50%

달러 1만 불을 현찰로 환전한다고 생각해보자. 미국에 갈 때 1만 불까지는 세관에 신고를 따로 안 해도 되지만 1만 불이 넘으면 별도 신고를 해야 해서 복잡하다.

1만 불 현찰을 환율우대 없이 앞의 표에 나온 대로 환전을 하려면 1,346만 6,600원이 필요하다. 그런데 만약 50% 환율우대를 받는다면 현찰 살 때 환율이 1335.08원이기 때문에 1,335만 800원을 내면 된다. 50% 우대로 11만 5,800원을 아낄 수 있는 셈이다. 보통 주거래은행에서는 50% 환율우대를 기본으로 제공하기 때문에 환율우대는 반드시 챙겨야 한다. 은행원에게 환율우대를 해달라고 말을 하지 않으면 절대 해주지 않기 때문에 반드시 먼저 말해야 한다. 우대를 해주지 않으면 그만큼 은행은 외환수익이 늘어난다.

어떤 경우 은행에서는 90% 우대를 해주기도 한다. 이벤트를 하거나 해당 은행 고객 등급이 높은 고객들에게 제공하는 혜택이다. 위와 같은 경우 90% 우대를 받으면 스프레드는 2.31원으로 줄게 되고 따라서 적용환율은 1325.81원이 된다. 1만 불 환전 시 1,325만 8,100원이 필요하다. 환율 우대를 받지 못할 때와 비교하면 20만 8,500원을 절약할 수 있다.

수출입에 영향을 주는 금리와 환율

환율은 무역수지, 금리, 통화정책, 투기수요 등 다양한 요소에 영향을 받는다. 무역수지 흑자면 국내에 달러 공급이 늘어 원화 강세 요인이 된다. 미국이 금리를 올리고 긴축정책을 펼쳐서 시중의 달러를 빨아들이면 달러 강세 요인이 된다. 이 모든 요인들이 복합적으로 작용해 외환시장에서 수요와 공급이 만나는 지점에서 환율이 결정되는데 이 과정에서 투기수요도 적지 않게 개입한다. 1992년 9월 조지 소로스가 영국 파운드화를 공격해 파운드화 가치가 폭락한 사례가 대표적이다. 이 공격으로 소로스의 퀀텀펀드는 10억 달러의 수익을 얻은 것으로 알려졌다.

무엇보다 2022~2023년 대한민국 환율은 미국의 기준금리 인상과 통화 긴축정책의 영향을 많이 받았다. 미국의 금리가 한국보다 높으면 달러가 미국으로 회귀한다. 이 경우 국내에서 달러가 유출되기 때문에 달러 강세, 원화 약세 요인이 된다. 미국 내에서는 코로나 때 풀린 자금을 거둬들이는 긴축 정책이 펼쳐지면서 시중에 달러 공급이 줄어든다. 이는 달러 강세 효과로 이어지고 원화 약세, 원 달러 환율 상승으로 나타난다. 미국이 금리를 올리고 긴축을 계속하는 한 원화 강세가 되기는 쉽지 않은 구조다.

우리는 사실 환전, 송금할 일이 많지 않지만 수출입을 많이 하는 우리나라 기업들은 환율에 굉장히 민감하다. 수출을 많이 하는 기업은 원화 평가 절하(원 달러 환율 상승)가 유리하다. 반대로 수입을 많이 하는 기업은 원화 가치가 떨어지면 수입 비용이 늘어나 불리하다.

국내 대표적인 수출 기업인 현대자동차의 2022년 실적발표 자료를 보면 환율 상승에 따른 매출 및 영업이익 효과를 체감할 수 있다. 2022년 환율이 1,400원대까지 급등하면서 현대차는 1년간 9조 원의 매출 증가 효과를 봤다. 이로 인한 영업이익 증가 효과는 3조 7,050억 원이나 된다.

반면 대한항공은 항공유 급유를 위해 달러 지출이 많다. 그런데 2022년 4분기 환율이 급등하면서 연료비 지출이 2021년 4분기 대비 거의 2배 가까이 급증했다.

외환보유액과
통화스와프

외환보유액

외환보유액은 중앙은행이나 정부가 국제수지 불균형을 보전하거나 환율 안정을 위해 언제든지 사용할 수 있는 대외지급준비자산을 가리킨다.

국가 경제에 긴급한 상황이 발생했을 때 즉시 동원 가능해야 하기 때문에 유동성 확보가 중요하다. 은행이 외화차입을 못해 대외결제를 못하는 상황이 발생하면 한국은행은 외환보유액을 동원해 문제해결에 나서게 된다. 따라서 충분한 외환보유액을 확보하고 있다는 것은 국가의 대외신인도를 높이고 환율을 안정시킬 수 있다는 말이다.

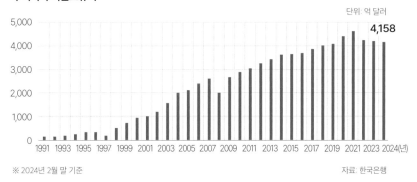

우리나라 외환보유액

단위: 억 달러

4,158

※ 2024년 2월 말 기준   자료: 한국은행

주요국의 외환보유액 비교

단위: 억 달러

순위	국가	외환보유액	순위	국가	외환보유액
1	중국	32,193(-187)	6	대만	5,695(-11)
2	일본	12,918(-28)	7	사우디아라비아	4,389(+20)
3	스위스	8,572(-70)	8	홍콩	4,231(-25)
4	인도	6,200(-25)	9	한국	4,158(-44)
5	러시아	5,854(-131)	10	싱가포르	3,578(+68)

※ 2024년 2월 말 기준   자료: 한국은행

우리나라의 외환보유액은 외환위기 발생 직후인 1997년 12월 18일 39억 달러까지 감소했다. 외환위기 극복 과정에서 외환보유액도 계속해서 늘어 2001년 9월 1,000억 달러를 돌파했고, 2005년 2월에는 2,000억 달러를 돌파했다. 2011년 3,000억 달러를 돌파했고 2024년 2월 말 기준 4,158억 달러를 보유 중이다.

우리나라의 외환보유액 규모는 전 세계에서 9위(2024년 2월 말 기준)에 해당한다. 중국이 3조 2,193억 달러를 보유해 1위, 일본이 1조 2,918억 달러를 보유해 2위를 기록하고 있다. 홍콩은 4,231억 달러를 보유해 우리나라보다 한 계단 앞인 8위에 올라 있다.

외환보유액은 달러로 규모를 표현한다. 달러자산 비중이 68.3%(2021년 말 기준)로 압도적으로 높지만 유로화 일본 엔화 영국 파운드화, 호주 달러화, 캐나다 달러화 등 주요 6개 통화로 분산되어 있다. 2012년부터 중국 위안화 자산 투자도 이뤄지고 있다.

외환보유액은 현금으로만 존재하는 게 아니다. 한국은행에서 직접 위탁 운용을 하고 있다. 2024년 2월 말 현재 외환보유액 중 현금 비중은 5.2%에 그친다. 가장 큰 비중을 차지하는 건 미국 국채 등 각국 정부의 국채와 정부기관채 그리고 해외주식 등 유가증권으로 90%를 차지한다. 금은 1.2% 비중이다.

한국은행은 금 투자에 대해서는 굉장히 소극적이다. 한국은행의 금 보유 규모는 47억 9,000만 달러, 104.4톤으로 2013년 2월 이후 변동이 없다. 한국은행이 투자한 금(괴)은 전량 영국 런던의 영란은행BOE에 보관 중이다. 영국 런던이 전 세계에서 금 거래가 가장 활발하기 때문에 필요 시 바로 달러로 바꿀 수 있다는 장점이 있다.

통화스와프

통화스와프Currency Swap란 국내 은행 간, 한국은행과 해외 중앙은행 간 서로 다른 통화를 교환하고 만기가 되면 원금을 재교환하는 거래를 가리킨다.

엄밀하게 보면 외화자금시장 통화스와프와 중앙은행 간 통화스와프로 나눠진다. 외화자금시장 통화스와프는 국내 A은행과 B은행 사이의 원화-달러 교환이 가장 일반적인 형태다. 중앙은행 간 통화스와프는 한국은행과 미국 연방준비제도 간의 통화스와프를 대표적인 사례로 꼽을 수 있다.

환율이 불안정하고 경제, 금융위기에 대비해 안정적인 달러 공급선을 확보하는 방편으로 언론에서 주로 거론하는 통화스와프는 '중앙은행 간 통화스와프'다. 한국과 미국이 통화스와프 계약을 체

통화스와프 비교

	외화자금시장 통화스와프	중앙은행 간 통화스와프
사용 기간	주로 1년 이상	주로 1년 이하 인출·사용
거래 주체	외화자금시장 참가자	중앙은행
이자 지급	계약 기간 중 일정 간격 (3개월 또는 6개월)	사용금액에 대한 이자를 만기 시 원금과 함께 상황
거래 동기	외화자금조달, 환리스크 관리, 투기적 거래 등	해당 통화 유동성 공급, 무역결제 지원

자료: 한국은행

결하면 주체는 한국은행과 미 연준이 된다.

통화스와프는 외환보유액과 함께 위기 발생 시 금융시장을 안정시키는 역할을 한다. 언론에서는 '달러 마이너스통장'이라고 부르기도 하는데, 한도를 설정하면 그 범위 안에서 원화를 주고 달러를 빌려올 수 있기 때문이다. 한국은행은 외환보유액을 그대로 남겨둔 상황에서 연준에서 조달한 달러는 시중은행을 통해 국내에 공급하게 된다. 외환보유액이 줄어들면 대외신인도에 문제가 생길 수 있는데 통화스와프는 외환보유액 감소를 동반하지 않는다는 점에서 중요한 의미를 지닌다.

한국은행은 2008년 10월 글로벌 금융위기 때 미 연준과 300억 달러 규모의 통화스와프를 체결하며 환율안정, 금융안정을 꾀했다. 그리고 코로나19로 금융시장이 붕괴될 조짐을 보이자 2020년 3월 19일 미 연준과 600억 달러 규모의 통화스와프 계약을 체결했다. 다행히 금융시장이 빠르게 정상화되면서 한미 통화스와프는 2021년 12월 31일 종료됐다.

2022년 무역수지 적자는 쌓여 가는데 미국이 물가를 잡기 위해 금리를 빠르게 올리면서 원화 약세(원/달러 환율 급등)가 지속되자 한미 중앙은행이 통화스와프 계약을 다시 체결해야 한다는 목소리가 높았지만 실현되지 않았다.

한미 통화스와프는 한국과 미국이 군사동맹을 넘어 경제동맹으로 동맹의 외연을 넓힌다는 상징적 의미도 담는다. 이는 곧 국가신인도와 국가신용등급 강화로 이어질 수 있다. 우리 경제 펀더멘털에 대한 괜한 오해를 불러일으킬 수 있다는 이유로 한미 통화스와프에 반대하는 견해도 존재한다.

한미 통화스와프가 군불만 떼는 사이 한국과 일본 정부는 2023년 6월 말 100억 달러 규모의 한일 통화스와프 계약을 다시 체결

한일 통화스와프 역사

연도	규모
2001년	
2002년	**20억 달러**
2003년	
2004년	
2005년	**50억 달러**
2006년	**130억 달러**
2007년	
2008년	
2009년	**300억 달러**
2010년	
2011년	**700억 달러**
2012년	
2013년	**130억 달러**
2014년	**100억 달러**
2015년	

※ 2015년 2월 통화스와프 만기 도래 시 더 이상 연장하지 않고 계약 종료
  양국 모두 한일 통화스와프 자금을 사용한 실적은 없음

자료: 기획재정부

하기로 했다. 한일 통화스와프는 2001년 20억 달러 규모로 시작해 2011년 700억 달러까지 확대됐지만 한일 관계가 악화되면서 2015년 2월 종료됐다. 한일 양국 정부는 2015년 종료 당시 통화스와프 규모와 동일한 100억 달러 규모로 8년 만에 통화스와프를 재개한다고 밝혔다. 추경호 전 경제부총리는 한일 통화스와프 재개에 대해 "한일 통화 맞교환(스와프)은 한·미·일 등 보편적 가치를 공유하는 국가들과 외환·금융 분야에서 확고한 연대·협력의 틀을 마련한 것"이라며 "이를 통해 자유시장경제 선진국들 간의 외화유동성 안전망이 우리 금융·외환시장까지 확대된다는 의미가 있다"고 평가했다. 한일 통화스와프 재개는 금융 안전망 확충이라는 의미도 있지만 한일 관계 개선의 상징적 조치로 보는 견해가 지배적이다.

조합과
금고에 대하여

신용협동기구의 금융제도

	신용협동조합	새마을금고	농협·수협·산림조합의 상호금융
근거법률	신용협동조합법	새마을금고법	농·수협법, 산림조합법, 신용협동조합법
예금보장	신협중앙회 내 예금자보호기금	새마을금고 중앙회 내 예금자보호기금	각 중앙회 내 예금자보호기금
유대관계	지역·직장·단체	행정구역·경제권·생활권	지역·품목 등
감독기관	금융위원회	행정안전부	농림축산식품부, 해양수산부, 산림청

자료: 한국은행

　　은행인 듯 아닌 듯 헷갈리는 곳이 신용협동조합(신협)과 새마을
금고다. 또 농협중앙회 농협이 아니라 각 지역 이름이 붙은 농협도

있다. 이런 금융기관들을 신용협동기구라고 하는데 은행과는 역할과 기능이 약간 다르다.

조합, 금고 이해하기

동네에 보면 은행보다 작고 뭔가 동네 사람들과 더 친밀해 보이는 곳들이 있다. 저자가 거주하는 서울 영등포구에도 이런 신협, 새마을금고가 꽤 여러 곳 있다. 도시에 살면 은행과 똑같은 농협중앙회 농협지점(NH농협은행) 말고 지역농협에서 운영하는 조합은 잘 발견하기 어렵지만 수도권이나 지방에 가면 지역 이름을 앞에 붙인 ○○농협, ××농협을 쉽게 볼 수 있다. 수협, 산림조합도 비슷하다. 수협도 수협중앙회에서 운영하는 은행은 Sh수협은행인데 지역에 가면 지역수협에서 운영하는 곳들이 있다.

은행인 것 같기도 하고 아닌 것 같기도 한 신용협동기구는 사실 지역밀착형 영업을 하지만 오히려 일반 시민들의 접근성은 떨어진다. 조합원이 돼야 하기 때문이다. 조합원은 그냥 될 수가 없다. 출자금을 내야 한다. 자격조건도 갖춰야 한다. 예를 들어, 지역농협 조합원이 되려면 기본적으로 농사, 농업과 관련이 있어야 한다. 관련이 없는데 조합원은 되고 싶다면 약간의 출자금만 내고 준조합원이 되는 수밖에 없다.

사실 지역농협의 조합원이 되어 거액의 출자금을 내는 건 주식

회사의 주주가 되는 것과 비슷하다. 신협, 새마을금고, 지역농협 등에서는 조합원이 내는 출자금에 대해 1년에 한 번씩 배당금을 지급한다. 이때 출자금 1,000만 원까지는 배당금에 대해 비과세 혜택이 주어진다. 만약 5% 배당을 받게 되면 배당금 50만 원에 대해 전혀 떼는 세금이 없다는 뜻이다.

하지만 출자금은 예금자보호 대상에서 제외된다. 동네마다 소규모로 운영되는 금고, 조합 등은 은행보다 상대적으로 부실 발생 가능성이 높다. 그런데 높은 배당률에 끌려서 거액의 출자금을 납부했다가 해당 금고, 조합이 파산하게 되면 한 푼도 돌려받지 못할 수 있다. 따라서 일반 시민들이 신협, 새마을금고, 지역농협 등 신용협동기구를 이용할 때는 준조합원 자격을 받을 수 있는 최소한의 출자금을 내는 게 가장 현실적이고 안전한 방법이다.

조합, 금고 이용하기

신협, 새마을금고, 농수협의 지역조합, 산림조합 등을 일반인들이 이용하는 경우는 거의 세금혜택 때문이다. 앞서 살펴본 것처럼 조합원 또는 준조합원이 되기 위해 출자금을 내는 경우 1,000만 원까지 비과세 혜택이 주어진다. 그리고 조합원 또는 준조합원이 되어 예적금에 가입하는 경우 3,000만 원까지 이자소득세 감면 혜택을 받을 수 있다. 일반 은행은 예적금에 가입하면 이자소득세

15.4%를 떼고 이자를 지급한다. 하지만 금고나 조합에서 예적금에 가입하면 원금 기준 3,000만 원까지 1.4%의 세금(저율과세)만 원천징수한다.

조합, 금고에서 저율과세 혜택을 받기 위해서는 조합원 또는 준조합원이 되어야 한다. 농수협이나 산림조합의 관련된 일을 하지 않으면 조합원이 될 수 없다. 일부 새마을금고, 신협도 조합원 자격에 제한을 두는 경우가 있다.

하지만 절세가 목적이라면 굳이 조합원이 될 필요는 없다. 5만 원, 10만 원 등 소액만 내고 조합원처럼 저율과세 혜택을 받는 준조합원이 될 수 있기 때문이다. 준조합원이 되기 위해 예치해야 하는 출자금은 조합, 금고마다 차이가 있는데, 보통 10만 원만 내면 충분하다. 10만 원에 대해서는 매년 배당을 해주는데, 비록 해당 조합, 금고가 파산해서 출자금을 날린다고 해도 큰 부담이 없는 돈이다.

조합원 또는 준조합원만 되면 3,000만 원 한도로 저율과세 혜택을 받을 수 있다. 기존에는 그냥 1.4% 저율과세로만 알면 됐지만 제도가 바뀌었다. 2025년까지 발생한 이자소득에 대해서는 1.4%를 원천징수하지만 2026년 발생한 이자소득에 대해서는 5.9%를 과세한다. 그리고 2027년 이후부터는 세율이 9.5%로 올라가 메리트가 크게 떨어지게 된다.

원금기준 3,000만 원 한도기 때문에 3,000만 원을 예로 들어 보자. 3,000만 원을 정기예금 연 5%로 맡긴 경우 일반과세를 하게 되

3,000만 원 연 5% 정기예금 일반과세(15.4%)		3,000만 원 연 5% 정기예금 저율과세(1.4%)	
원금합계	30,000,000원	원금합계	30,000,000원
세전이자	1,500,000원	세전이자	1,500,000원
이자과세(15.4%)	-231,000원	이자과세(1.4%)	-21,000원
세후 수령액	31,269,000원	세후 수령액	31,479,000원

면 만기 때 세금을 23만 1,000원이나 공제한다. 하지만 1.4% 저율
과세를 하면 세금으로 2만 1,000원만 내면 된다.

신용협동기구, 상호금융도 원리금 기준으로 1인당 5,000만 원
의 예금자보호 제도를 갖고 있다. 각 신용협동기구의 중앙회 차원
에서 기금을 조성해서 예금자보호를 해주는 것으로 예금자보호법
에 따른 예금자보호와는 차이가 있다. 농협중앙회, 새마을금고중
앙회, 신협중앙회 등에 쌓인 예금자보호 기금 규모가 충분하지 않
다면 부실 발생 시 문제가 될 수도 있다. 다만, 동시다발적인 부실
과 대규모 뱅크런이 발생하지 않는다면 조합, 금고가 파산해도 예
금자보호는 받을 수 있다.

금고의 부실 징후

2023년 6월 새마을금고 자산 건전성에 대한 시장의 우려가 확
산되며 뱅크런 조짐이 나타났다. 연체율 급등 소식에 새마을금고

예금 잔액이 급격히 줄어들자 정부가 긴급 진화에 나섰다. 300조 원 가까운 자산을 보유한 새마을금고가 무너질 경우 국내 금융시장은 물론 실물경제까지 패닉에 빠질 수 있기 때문이다.

새마을금고발 위기설의 진앙지는 대출 연체율이다. 보통 새마을금고의 연체율은 시중은행이나 농협, 수협의 조합과 같은 상호금융권보다 높다. 2022년 말 기준 새마을금고 연체율은 3.59%로 0.25%인 은행보다 10배 이상 높은 수준이다. 새마을금고가 취급하는 대출이 은행보다 상대적으로 부실하고, 연체 위험도가 높기 때문이다. 문제는 안 그래도 높은 연체율이 2023년 들어 가파르게 상승했다는 점이다. 2022년 말 3.59%였던 새마을금고 연체율은 2023년 6월 29일 6.18%까지 뛰었다.

2023년 2~4월에 나타난 새마을금고 예금 이탈은 순간적으로 불이 붙어 과열 양상을 빚었다. 정부에서는 새마을금고의 자산 건전성과 유동성, 예금자보호 등이 문제가 없다며 예금을 중도해지한 조합원, 준조합원들에게 다시 예금을 예치하라고 설득에 나섰다. 과도한 불안감이 뱅크런으로 이어지면 튼튼한 금융회사도 순식간에 파산할 수 있다.

우체국
무제한 예금자보호

2023년 3월 초 미국에서 실리콘밸리은행SVB이 순식간에 파산했다. 자산만 2,000억 달러가 넘는 은행이 하루아침에 파산하면서 전 세계 금융시장이 큰 혼란에 빠졌다. 2008년 9월 리먼브라더스가 파산하면서 전 세계가 금융위기에 빠졌던 기억이 있기 때문이다. 물론 SVB는 상업은행CB이고 리먼브라더스는 투자은행IB이라는 차이는 있지만 시장에 주는 공포의 크기는 상당했다.

SVB는 국민은행, 신한은행, 하나은행, 우리은행과 같은 상업은행이다. 이 때문에 상업은행이 파산하는 경우 내가 은행에 맡긴 돈을 다시 돌려받을 수 있는지 없는지, 얼마까지 돌려받을 수 있는지 많은 의문이 제기됐다. 우리나라는 원리금 5,000만 원까지 예금자보호를 해준다고 하는데 우리나라 경제규모에 비해 지나치게 낮은 것 아니냐는 문제제기도 뒤따랐다. 동시에 정부가 무제한 예금자 보호를 해주는 우체국 예적금에 대한 궁금증도 크게 증가했다.

예금자보호 한도 5,000만 원

예금자보호제도는 은행 등 금융기관에 맡긴 원금보장상품에 대해 정부가 원리금 5,000만 원까지 보장해주는 제도다. 여기서 중요한 게 원금과 이자를 합쳐 한 금융기관에 대해 1인당 5,000만 원까지 보장한다는 부분이다. 원금 5,000만 원을 예치해뒀고 이자가 불

우리나라 예금보호한도 변경 내역

구분	보호금 한도 변경 내역					비고
	은행	보험	증권	종금	저축은행	
'97.11.19. 이전	2,000만 원	5,000만 원	2,000만 원	2,000만 원	2,000만 원	업권별 보호기구가 각각 보호
'97.11.19.~ '98.7.31.	전액 보호					외환위기로 인한 금융시장 불안 해소
'98.8.1.~ '00.12.31.	'98년 8월 이전 가입: 전액 보호 '98년 8월 이후 가입: 원금 2,000만 원 이하 시 원리금 2,000만 원까지 보호, 원금 2,000만 원 초과 시 원금만 전액 보호					금융시장 불안 진정 및 전액보호에 따른 도덕적 해이 해소
'01.1.1.~ '15.2.25.	5,000만 원					금융시장 안정이 가속화됨에 따라 부분보호제 시행
'15.2.26.~ 현재	5,000만 원, 퇴직연금 별도 보호한도 적용					노후자금 마련 지원 등을 위해 확정기여형 및 개인퇴직연금의 경우 별도 보호한도 적용

자료: 금융위원회

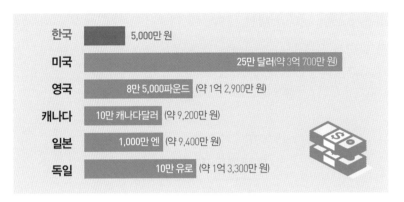

한국 5,000만 원

미국 25만 달러(약 3억 700만 원)

영국 8만 5,000파운드 (약 1억 2,900만 원)

캐나다 10만 캐나다달러 (약 9,200만 원)

일본 1,000만 엔 (약 9,400만 원)

독일 10만 유로 (약 1억 3,300만 원)

자료: 국회 정무위원회 예금자보호법 개정안 검토보고서

어나 500만 원 붙었다고 해도 해당 은행이 망하면 이자는 한 푼도 못 돌려받고 원금 5,000만 원만 겨우 회수할 수 있다. 여러 계좌에 나눠서 각각 원리금이 5,000만 원이 넘지 않는다고 해도 보장 한도는 1인당 5,000만 원으로 제한된다.

예금자보호법에 따라 정부가 5,000만 원 지급 보장을 해주는 곳은 은행, 증권사, 보험사, 저축은행 등이다. 이곳에 예치한 자금 중 투자 상품이 아니라 원금보장상품만 보장 대상에 포함된다. 문제는 신협, 새마을금고, 지역농수협조합 등에 맡긴 자금이다. 신협, 새마을금고 등에 가입한 예적금은 예금자보호법에 따라서는 예금자보호를 받지 못하고 신용협동조합법, 새마을금고법 등 개별 법령에 따라 5,000만 원까지 보장해주고 있다.

그런데 SVB 파산으로 미국이 1인당 3억 원 넘게(25만 달러) 보장해준다는 사실이 알려지면서 우리도 20년 넘게 5,000만 원에 묶여 있는 보호 한도를 올려야 한다는 목소리가 높아졌다. 더욱이 미국 정부가 25만 달러가 넘는 예치금에 대해서도 전액 보장을 해주기로 하면서 은행 등이 파산하는 경우 우리 정부가 취할 스탠스도 주목받고 있다.

우체국은 무제한 보장

우체국예금 · 보험에 관한 법률
제4조(국가의 지급 책임) 국가는 우체국예금(이자를 포함한다)과 우체국보험계약에 따른 보험금 등의 지급을 책임진다.

우체국에 가서도 예적금이나 보험에 가입할 수 있다는 사실을 모르는 사람들이 많다. 또, 우체국 예금이나 보험은 국가가 전액, 무제한 지급을 보장해준다는 사실도 모르는 사람도 상당수다. 금융 불안이 가중되는 시기에는 금리가 조금 낮더라도 원금은 물론 이자까지 지킬 수 있는 우체국 예금과 우체국 보험을 활용하는 것도 내 재산을 지키는 중요한 방법 중 하나다.

우체국 예적금 가입이 어려운 것도 아니다. 동네마다 우체국이 촘촘히 있기 때문에 직접 방문해도 되고 인터넷뱅킹, 스마트폰뱅킹을 이용할 수도 있다.

우체국에서는 예적금 가입은 물론 보험, 펀드, 카드까지 이용할 수 있지만 대출을 받을 수는 없다. 우체국에서도 대출을 취급하면 좋겠지만 아직까지는 제도적으로 막혀 있다. 우체국이 대출을 취급하게 되면 동시에 연체, 부실 위험도 안게 되고 이렇게 되면 국가가 전액, 무제한 보장하는 예금보호제도도 손봐야 할지도 모른다. 또, 시중은행들이 '국가가 은행영업까지 하냐'며 반발할 수도 있다. 대출을 취급하게 되면 부실과 연체 부담을 안게 된다. 이 경우 우체국의 전액 예금자 보호도 영향을 받지 않을 수 없다.

우체국 예금은 어떤 사고가 발생해도 전액 보장받을 수 있기 때문에 심각한 금융위기, 경제위기 상황에서 빛을 발하게 된다. 특히, 은행 저축은행 조합 금고 등에서 대출 연체율이 급등하고 자산 건전성에 빨간불이 들어오면 우체국 예금은 증가하는 경향이 있다. 우체국 예금보다 더 안전한 자산은 찾기 힘들기 때문이다.

실제로 통계를 찾아보면 2007~2008년 글로벌 금융위기 과정에서 우체국 예금 잔고는 2007년 말 37조 6,000억 원에서 2008년 말 44조 9,000억 원으로 19.4% 증가했다. 반면 시중은행 예금 증가율은 14.1%에 그쳤다. 농수협의 단위 조합 예금은 8.8% 증가했을 뿐이다. 2023년 초 미국에서 시작된 뱅크런 위기와 국내에서 불거진 새마을금고 위기설 때도 우체국 예금은 뚜렷한 증가세를 보였다. 2023년 2월 대비 4월 말 예금 잔고를 살펴보면 저축은행의 경우 4%(4조 3,000억 원) 감소했고, 새마을금고도 2.6%(7조 원) 줄었다. 시중은행 예금잔고도 1% 감소했다. 반면 우체국 예금 잔고는 같은 기간 79조 7,000억 원에서 82조 7,000억 원으로 3.8% 증가했다.

뱅크런

2023년 3월 초 미국 실리콘밸리은행SVB이 위기설이 나온 지 단 36시간 만에 파산하게 된 결정적인 이유로 뱅크런Bank run이 꼽힌다.

뱅크런이란 은행에 돈을 맡긴 고객들이 갑자기 순식간에 대규모 자금을 인출하는 사태를 가리킨다. 과거에는 돈을 인출하기 위해 직접 은행으로 달려가 길게 줄을 섰기 때문에 '런'이라는 단어가 붙었다.

뱅크런이 발생하는 이유는 은행이 망하면 예치한 돈을 돌려받지 못할 수 있기 때문이다. 나라별로 예금자보호 제도를 두고 있지만 SVB의 경우 90% 넘는 고객이 예금자보호 한도인 25만달러 이상의 자금을 예치하고 있었기 때문에 위기설이 나오고 불과 하루 만에 예금 420억 달러(55조 원)가 빠져나가는 뱅크런이 발생했다. 고객들에게 예금을 내주기 위해 보유하고 있던 미국 국채를 헐값에 매각하면서 손실이 눈덩이처럼 불어났고 더 이상 예금을 내줄 수 없는 상황에 놓이자 결국 SVB는 파국을 맞았다. 위기설이 나온 지 불과 36시간 만에 초고속으로 파산하게 됐다.

뉴스와 소문이 은행 등 금융기관에 대한 위기설을 퍼뜨려 신뢰를 무너뜨린다. 이 과정에서 SNS는 위기설이 빛의 속도로 퍼지게 만든다. 스마트폰을 통한 손쉬운 자금인출은 순식간에 대규모 자금이 은행에서 빠져나갈 수 있게 만든다. SVB 뱅크런은 '디지털 뱅크런'이라는 새로운 용어를 낳았다.

중앙은행의 긴급 유동성 지원과 예금자보호 확대 등의 조치가 뱅크런을 막을 수 있지만 한 번 신뢰가 무너진 은행이 다시 신뢰를 회복하는 건 굉장히 어려운 일이다.

뱅크런은 전염성이 강하다. A은행에서 뱅크런이 발생하면 B, C, D은행으로 뱅크런이 확산되는 것이다. 금융시스템 전반에 대한 신뢰가 흔들리기 때문에 나타나는 현상이다. SVB 파산 이틀 만에 뉴욕 시그니처 은행에서는 하루 만에 100억 달러가 인출되는 뱅크런 사태가 발생했다. 뱅크런 이틀 만에 뉴욕주정부는 시그니처 은행 문을 닫아버렸다.

뱅크런이 들불처럼 번지면 튼튼한 은행도 순식간에 망할 수 있다. 은행은 고객들의 예금을 받아 대출을 해주고 예대마진으로 이익을 남기는 곳이다. 일부 예금은 평소 인출 규모를 고려해 따로 쌓아두고 있지만 뱅크런은 막기 어렵다. 손실을 보더라도 자산을 팔아 예금을 돌려줘야 하는데 이 과정에서 은행 부실이 심화되어 파산하기 쉽다. 예금 인출 요구 시점과 자산 매각 시점이 일치하기 어려운 것도 문제다.

한 번 발생한 뱅크런과 은행의 신뢰도 추락을 막기 어렵다는 사실은 2023년 3월 글로벌 초대형 은행이자 167년 역사를 자랑하는 크레딧스위스_CS가 UBS에 인수되면서 다시 한 번 입증됐다. 크레딧스위스는 2008년 글로벌 금융위기 때도 정부 지원을 받지 않았을 정도로 튼튼했지만 한 번 시장의 신뢰를 잃자 걷잡을 수 없이 위기에 휩싸였다. 이즈음 100억 달러 이상의 예금이 불과 하루 만에 인출되는 등 뱅크런이 발생했다.

뱅크런과 유사한 펀드런_Fund run, 본드런_Bond run도 금융위기 상황에서 발생하며 금융시장을 패닉에 빠지게 만든다. 펀드런은 펀드 부실 가능성이 커지면 투자자들이 앞다투어 펀드 환매에 나서는 상황을 가리킨다. 우리나라의 경우 라임, 옵티머스 등 사모펀드 사태가 발생하자 사모펀드는 물론 공모펀드에서 대규모 펀드런이 발생했다.

본드런은 채권 투매 현상을 가리키는 용어다. 채권값 급락 조짐이 보일 때 보유한 채권을 헐값에 매도해 손실 최소화에 나서게 된다. 이 경우 연쇄적인 채권값 하락을 일으킬 수 있다. UBS가 크레딧스위스를 인수하며 크레딧스위스가 기존에 발행한 170억 달러 규모의 신종자본증권(AT1 채권) 가치를 제로로 만들기로 하면서 유럽 채권시장에서 본드런 우려를 키웠다.

2부

주식 인사이트

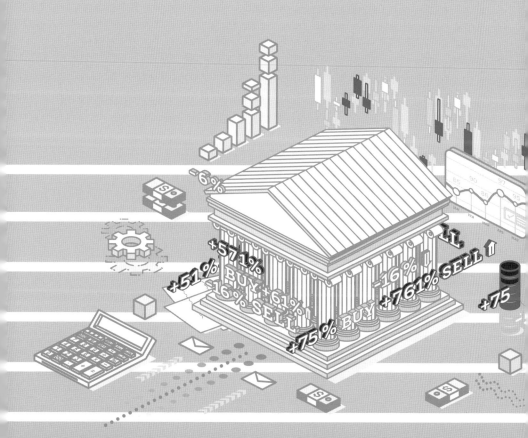

우리나라 주식시장
한눈에

　　우리나라 장내 주식시장은 크게 유가증권시장과 코스닥시장으로 구분된다. 유망 중소벤처기업이 상장된 코넥스시장도 있지만 규모가 워낙 작아 크게 신경 쓰지 않아도 무방하다. 장외 시장인 K-OTC 시장도 있는데 마찬가지로 있다는 사실 정도만 알고 지나가도 된다. 사설 업체들이 열고 있는 장외시장(장외 비상장거래소)도 있지만 국내 주식시장이라고 하면 보통은 한국거래소가 개설, 운영하는 유가증권시장과 코스닥시장을 가리킨다. 유가증권시장은 다른 말로 코스피시장이라고도 한다.

코스피시장과 코스닥시장

	코스피시장	코스닥시장
개설일	1956년 3월	1996년 7월
특징	중대형 우량기업 위주	기술기업, 성장기업 위주
시가총액	2,126조 원	432조 원
상장종목수	953개	1,705개
일평균 거래대금	9.6조 원	10조 원
일평균 거래량	5.4억 주	11.2억 주
외국인 비중	32.90%	9.00%

자료: 한국거래소. 2023년 말 기준.

대형주, 우량주는 코스피 시장에

코스피시장은 우리나라 전체 상장주식 시가총액의 약 85%를 차지한다. 2023년 말 기준 시가총액은 2,126조 원, 상장종목 수는 953개, 일평균거래대금 9조 6,000억 원, 외국인 비중 32.9% 등의 숫자로 이해할 수 있다.

코스피 시가총액 1~10위 기업을 보면 다음 표와 같다. 삼성전자의 시가총액은 438조 원으로 부동의 1위를 지키고 있다. 2위는 AI(인공지능) 반도체 붐 최대 수혜를 입고 있는 SK하이닉스다. 3위는 2022년 LG화학에서 배터리(이차전지) 사업을 물적분할해 설립한 LG에너지솔루션이다. LG에너지솔루션은 상장과 동시에 단숨에 코스

코스피 시가총액 상위 톱10 기업

종목명	시가총액(원)
삼성전자	438조
SK하이닉스	113조
LG에너지솔루션	93조
삼성바이오로직스	55조
현대차	52조
기아	50조
셀트리온	39조
POSCO홀딩스	36조
LG화학	32조
NAVER	31조

자료: 한국거래소(2024년 2월 말 종가 기준)

피 시총 2위 기업에 올랐다가 SK하이닉스에서 2위 자리를 다시 내주고 3위에 안착했다.

코스피 시장에 상장된 종목들을 기초로 국내 주식 시장 대표 지수인 코스피 지수가 산출된다. 코스피 KOSPI, Korea Composite Stock Price Index는 1980년 1월 4일 시가총액을 기준시점으로 현재의 지수를 산출하고 있다.

코스피는 1989년 3월 31일 최초로 1,000포인트 고지를 밟았다. 당시 시가총액은 70조 원이었다. 글로벌 금융위기 직전인 2007년 7월 25일에는 2,000포인트를 최초로 돌파했다. 당시 시가총액은 996조 원으로 1,000조 원에 육박했다. 그리고 코로나19 폭락 이후 V자 회복을 하며 2021년 1월 7일 사상 처음 3,000포인트를 돌파하는 대기록을 세웠다. 3,000포인트 돌파 이후 미국발 금리인상 쇼크로 코스피는 2,500포인트 아래서 고전하다 2023년 18.7% 상승하며 2,655포인트로 마감했다.

주가는 다양한 변수에 따라 움직이지만 수급만큼 중요한 게 없다. 코스피도 마찬가지다. 코스피도, 코스피 상장 종목들도 기본적으로 수요(사자)Buy, 공급(팔자)Sell에 따라 오르고 내린다. 특히, 수급의 핵심은 외국인이다. 외국인이란 대부분 외국의 기관투자자들을 가리키는데, 외국인은 코스피 시가총액의 30% 이상을 보유할 정도로 주가에 큰 영향을 미친다. 개인투자자는 모래알과 같고 취득하는 정보도 제각각이기 때문에 매수, 매도 패턴을 예측하기 어렵지만 외국인은 비슷한 수준의 제한된 정보를 갖고 환율 변수에 민감하게 반응하는 등 비교적 일사불란하게 움직이는 특징을 갖는다.

2019년 이후 코스피를 떠났던 외국인들은 2023년 다시 돌아왔다. 코스피 시가총액에서 외국인이 보유한 주식의 시가총액 비중은 2019년 38.15%로 정점을 찍고 30%대 초반까지 내려왔다. 외국인들의 '셀 코리아'가 해마다 지속됐다는 뜻이다. 코스피가 2021년 1월 초 3,000포인트를 돌파한 후 다시 2,000포인트 초반으로 주저앉은 것도 외국인들의 강력한 매도세 때문인 것으로 풀이된다. 외국인 투자자는 코스피 시장에서 2020년 24조 5,000억 원, 2021년 25조 6,000억 원, 2022년 6조 8,000억 원 역대급 순매도를 기록했다. 하지만 2023년 외국인은 11조 3,000억 원의 코스피 순매수를 기록하며 다시 한국 시장으로 돌아왔다. 외국인 비중도 2023년 말 32.9%까지 증가했다.

외국인의 국내 증시 진입과 이탈에 가장 큰 영향을 주는 건 환율이다. 원화 강세 – 달러 약세(원화 평가 절상, 원 달러 환율 하락) 국면에서는 외국인의 국내 주식 투자 매력이 커진다. 환율이 1,500원일 때 100달러 투자한 외국인이 있다고 가정해보자. 총 원화 투자금은 15만 원이다. 주가는 그대로인데 환율이 1,000원으로 떨어지면 15만 원으로 바꿀 수 있는 달러는 150달러가 된다. 외국인 투자자는 환율 하락으로 가만히 앉아서 50달러 환차익을 얻었다. 반대로 원화 약세-달러 강세(원화 평가 절하, 원 달러 환율 상승) 시 외국인 투자자는 환차손이 발생하기 때문에 한국 증시에서 빠르게 이탈한다. 2022년 외국인의 급격한 이탈은 미국의 금리 인상과 이에 따른 환율 상승 영향이 큰 것으로 풀이된다.

이차전지가 끌고 바이오가 미는 코스닥 시장

기술주, 성장주가 거래되고 있는 코스닥 시장은 1996년 7월 문을 열었다. 2023년 말 기준 시가총액 432조 원, 상장종목 1,705개, 일평균 거래대금 10조 원, 외국인 비중 9% 등의 숫자로 분석된다.

코스닥 시가총액 1~2위는 이차전지 양극재 소재 기업인 에코프로비엠과 에코프로비엠의 모회사인 에코프로가 차지하고 있다. HLB(3위), 알테오젠(4위), 엔켐(5위), 셀트리온제약(6위) 등은 모두 제약, 바이오 기업이다. HPSP와 리노공업은 반도체 장비 기업이다. 레인보우로보틱스는 로봇 관련주다. JYP Ent., 펄어비스 등은 엔터테인먼트, 게임 기업은 상위 톱10에서 밀려났다. 현재 코스닥 주력이 이차전지와 바이오, 반도체 장비라는 사실을 알 수 있는 대목이다.

코스닥 지수는 코스닥 상장사 시가총액 비중을 반영해 산출한다. 1996년 7월 1일 시가총액을 100포인트로 놓고 산출하다가 2004년 1월 26일부터 기준을 1,000 포인트로 바꿔 발표하고 있다. 2003년 37포인트까지 지수가 곤두박질치는 일이 발생해 기준을 높였다.

코스닥에 상장된 중소형 기술주, 성장주는 개인 투자자들에게 특히 많은 관심을 받는다. 코스피 대형주의

코스닥 시가총액 상위 톱10 기업

종목명	시가총액(원)
에코프로비엠	26조
에코프로	16.4조
HLB	10.6조
알테오젠	8.5조
엔켐	4.8조
셀트리온제약	4.4조
HPSP	4.2조
신성델타테크	3.4조
리노공업	3.2조
레인보우로보틱스	3.1조

자료: 한국거래소(2024년 2월 말 종가 기준)

경우 이미 성숙한 기업이 많아 등락이 크지 않은 경우가 많지만 코스닥 기업들은 작은 뉴스, 소문에도 주가가 요동치기 때문에 모험적인 투자 성향이 강한 개인 투자자들은 코스닥 기업 매매를 즐기는 경향이 있다. 실제로 코스피 시가총액이 코스닥보다 월등히 크지만 하루 평균 거래되는 주식수를 보면 코스피는 5억 3,000만 주지만 코스닥은 2배가 넘는 11억 2,000만 주나 된다. 코스닥 종목이 코스피보다 거래가 활발하다는 뜻이다.

주가는 수급에 가장 큰 영향을 받는다. 수급은 매매를 동반하고

매매는 결제를 동반한다. 결제는 현금 아니면 대출로 이뤄진다. 현금은 투자자예탁금이고, 대출은 신용융자가 대표적인 자금원천이다. 따라서 증시 자금의 양대축인 투자자예탁금과 신용융자 잔고 규모는 국내 주식에 투자할 때 반드시 살펴봐야 하는 항목이다.

우선 투자자예탁금부터 살펴보자. 투자자예탁금은 주식계좌에 들어 있는 자금이다. 아직 주식에 투자되지 않고 대기 중인 돈이다. 증시에 우호적인 환경이 조성되고 투자자들이 시장을 낙관적으로 보면 투자자예탁금은 증가한다. 반대의 경우엔 감소한다.

투자자예탁금은 코로나19 팬데믹을 거치며 급증했다. 코로나 이전인 2019년 말 27조 4,000억 원이던 투자자예탁금은 2020년 3월 코로나 대폭락 이후인 2020년 말 65조 5,000억 원으로 2배 이상 급증했다. 2021년 말에는 67조 5,000억 원까지 늘었지만 2022년 주식시장이 큰 폭으로 하락하면서 투자자예탁금도 46조 4,000억 원으로 감소했다. 한국금융투자협회 통계를 보면 2015~2023년 10년간 연평균 투자자예탁금은 39조 원이다. 2023년 예상을 깨고 증시가 살아나자 투자자예탁금은 안정적으로 50조 원대를 유지하고 있다.

증권사에서 주식 투자를 위해 빌려주는 신용대출인 신용거래융자 잔고도 코로나 이후 급격하게 증가했다. 2019년 말 9조 2,000억 원에서 2020년 말 19조 2,000억 원으로 1년 사이 10조 원 폭증했다. 2020년 3월 전 세계 주식이 폭락한 후 V자 반등을 하면서 동학개미가 크게 증가했고 일부는 빚내서 투자하는 '빚투'에 가담했기 때

한국증시 대표하는 자금의 변화

단위: 백만 원

구분	투자자예탁금	신용거래융자
2014.12.31	16,141,366	5,077,037
2015.12.31	20,903,529	6,523,716
2016.12.30	21,760,096	6,773,760
2017.12.29	26,495,351	9,860,832
2018.12.31	24,849,598	9,407,585
2019.12.31	27,393,296	9,213,276
2020.12.31	65,522,730	19,221,357
2021.12.31	67,530,709	23,088,636
2022.12.30	46,448,436	16,518,648
2023.12.29	52,753,715	17,558,435

자료: 금융투자협회

문이다. 신용거래융자는 줄여서 보통 '신용'이라고 하는데, 신용을 쓰는 이유는 수익률 극대화를 위해서다.

　1주당 1만 원 주식이 있다고 해보자. 내가 가진 돈은 50만 원뿐이다. 50만 원으로는 50주밖에 사지 못한다. 만약 주가가 2만 원으로 올랐을 때 매도한다면 50만 원 수익을 거둬 내 원금은 100만 원으로 불어난다. 그런데 만약 내 돈 50만 원에 신용 50만 원을 더해 100만 원으로 100주를 샀다면 어떻게 될까? 주가가 두 배 올랐기 때문에 원금은 200만 원으로 불어난다. 이 중 50만 원은 빌린 돈이니 갚으면 내 원금은 150만 원이 남는다. 이걸 흔히 '레버리지 효과'라고 부른다. 신용을 써서라도 주식을 사는 건 주가가 오를 것 같다는 확신이 있기 때문이다. 신용 잔고가 늘어난다는 건 시장을 좋게 보는 투자자들이 많다는 뜻이고, 반대의 경우는 시장에 비관론이 팽배했을 때다.

주가와 금리, 경기, 그리고 실적

주식시장, 주가에 영향을 주는 요소는 수만 가지도 넘는다. 세상만사가 크든 작든 주가에 영향을 미친다고 해도 지나치지 않다. 반대로 주식하는 사람들은 주가의 등락을 세상만사 모든 일과 관련지어 설명한다. 주가를 예측하기 어려운 것도 너무 많은 변수가 있기 때문이다. 하물며 인공지능AI도 아직까지 주가를 정확하게 예측하지 못한다. 그만큼 주식시장은 역동적이고 예측불가능하게 움직인다.

수학자들은 주식시장의 이런 특징을 두고 '브라운 운동Brownian Motion'과 닮았다고 말한다. 브라운 운동은 1827년 스코틀랜드의 식물학자 로버트 브라운이 발견했다. 액체나 기체 속에서 꽃가루의 미소입자들이 불규칙하게 움직이는 현상을 가리킨다. 주가 역시 꽃가루처럼 예측 불가능하고 불규칙하게 움직인다. 정확히 어떤 변수가 얼마나 개별 종목과 주가지수에 영향을 줬는지 사후적으로 설명하는 것조차 사실 불가능하다. 다만, 뉴스 흐름에 따라 주가가 즉흥적으로 반응하는 경우가 있는데 이런 경우엔 사후적으로 주가의 움직임을 설명할 수 있지만 사전에 예측하는 건 여전히 불가능하다.

금리가 올라가면 주가는 떨어진다?

주식시장과 주가를 예측하는 건 불가능하다. 하지만 주식시장과 주가에 결정적 영향을 주는 요소들에 대해 알면 사후적으로 빨리 대응하는 건 가능하다. 대응을 빨리 잘하면 무엇보다 큰 손실을 줄일 수 있다. 바닥에서 매수하진 못해도 무릎이나 허리 수준에서 매수하는 것도 가능하다.

우선 살펴볼 변수는 금리다. 주가는 금리와 밀접한 관계를 갖고 움직인다. 일반적으로 금리 상승은 주가에 악재다. 금리가 오르면 기업은 자금조달 비용이 늘어 투자를 줄이게 되고 결국엔 경기 하강으로 이어진다. 금리 상승은 가계의 대출원리금 상환 부담도 높여 소비 여력을 줄어들게 만들기 때문에 이 또한 기업 실적 악화로 연결된다. 여윳돈이 있어도 금리가 오르면 주식보다 예금 선호가 높아 주식시장 유동성도 줄어든다.

S&P500 지수와 미국 국채 10년물 금리

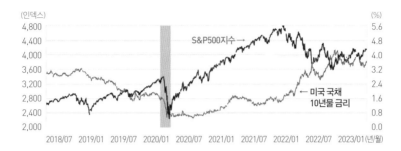

자료: FRED(세인트루이스 연준 경제통계 사이트)

　하지만 금리와 주가가 반드시 반대로 움직이는 건 아니다. 중앙은행이 금리를 올린다거나 시중 금리가 올라간다는 건 그만큼 경기에 대한 자신이 있다는 증거다. 즉, 현재 또는 가까운 미래의 경기에 대한 낙관적 전망이 담겨 있다는 뜻이다. 이는 곧 기업 실적에도 문제가 없다는 신호로 해석된다. 따라서 금리 인상 또는 금리 상승은 기업 펀더멘탈이 좋다는 신호로 해석할 수 있어 주가 상승으로 연결되기도 한다.

　위 그래프는 미국 S&P500지수(왼쪽)와 미국 국채 10년물 금리(오른쪽)의 최근 5년 움직임을 함께 보여준다. 그래프를 보면 알 수 있듯이 코로나19 대폭락(2020년 3월) 이전에는 대체로 금리가 내릴 때 주가가 올랐다. 하지만 코로나 대폭락 때를 보면 금리와 주가가 함께 떨어졌다. 이후 2021년까지 시장 랠리 상황에서 미국 국채 10년물 금리가 낮은 상태를 유지했다. 하지만 2022년 들어 미국 중앙은행Fed이 높은 물가를 잡기 위해 기준금리를 가파르게 올리면서 주식시장은 흔들리기 시작했다. 미 연준은 2022년에만 4차례 0.75% 포인트 금리를 올리면서 주식시장은 베어마켓(약세장)에 들어섰다. 2022년 한해 S&P500지수는 19% 하락했다. 금리 인상에 더 민감한 나스닥 지수는 2022년 1년간 33% 떨어졌다.

금리와 경기를 같이 봐야 한다

금리만 봐서는 큰 틀에서 주가의 상승과 하락을 설명하는 데 한계가 있다. 현재 경기가 어떤 국면인지 함께 살펴봐야 조금 더 정확한 분석이 가능하다. 경기가 확장하는 국면이기 때문에 금리를 올려 경기 과열을 막는 경우라면 금리 인상이 주가에 악재가 될 가능성은 낮다. 하지만 경기는 그저 그런데 높은 물가를 잡기 위해 금리를 올리는 경우 경기 침체로 곧장 이어질 가능성이 높기 때문에 주식시장에서는 악재로 평가한다.

중앙은행이 경기를 살리기 위해 금리를 낮추는 경우도 호재가 될 수 있다. 단, 금리를 낮춰 기업 실적이 개선되고 경기가 회복될 수 있다는 강한 자신감이 필요하다. 아무리 금리를 낮춰도 경기 회복, 기업실적 개선이 동반되지 않을 것이라는 기대와 전망이 많으면 주식시장은 베어마켓 상태에서 벗어나기 쉽지 않다.

그렇다면 우리는 경기가 좋은지 나쁜지 어떻게 알 수 있을까?

현재 또는 과거의 경기는 국내총생산GDP과 수출로, 미래의 경기 전망은 경제협력개발기구OECD 경기선행지수를 통해서 어느 정도 감을 잡을 수 있다. 더 많은 통계가 있지만 다 살펴보면서 투자하는 건 불가능하다.

GDP는 우리나라는 물론 미국도 분기별로 발표하고 있는데 전 분기 GDP 성장률을 후행적으로 파악할 수 있기 때문에 현재 또는 과거의 경기 상황을 파악하는 데 활용된다. GDP 성장률이 2개 분기 연속 마이너스를 기록하면 보통 경기침체에 들어갔다고 판단한다. 반드시 그런 건 아니고 다른 경기 지표까지 종합적으로 살피게 되는데 대표적인 지표가 실업률이다. GDP는 2개 분기 연속 마이너스로 나왔지만 실업률이 아주 낮게 사실상 완전고용에 가깝게 나온다면 경기침체로 판단하기 어렵다.

우리나라 경기를 판단할 때 동행지표로 가장 많이 사용되는 건 수출데이터다. 우리나라는 수출로 먹고 사는 나라(수출이 GDP에서 차지하는 비중 45.2%, 2022년 기준)이기 때문이다. 수출이 잘되면 환율도 안정되고 경기와 기업실적도 좋게 나오지만 반대로 수출이 지지부진하면 원화 약세가 심화되고 경기와 기업실적은 타격을 받게 된다. 수출 통계는 관세청에서 매달 10일, 20일 속보치를 발표하고 있다. 산업별로 현재 경기를 파악할 수 있는 핵심 지표라고 봐도 지나치지 않다.

2023년 3월 수출 데이터를 살펴보면 우리나라 수출은 2022년 10월부터 2023년 3월까지 6개월 연속 전년동월대비 감소 추세를 이어갔다. 우리나라 최대 주력산업이라고 할 수 있는 반도체의 경우 2020~2022년 3년 연속 수출 1,000억 달러를 돌파하며 우리나라 수출을 이끌었지만 2022년 8월 이후 계속해서 수출액이 줄었다. 한국 수출에서 반도체가 차지하는 비중은 2018년 20.9%까지 올랐지만 2023년 1분기 13.6%까지 수직하락했다. 반도체 수출 부진은 삼성전자와 SK하이닉스로 대표되는 국내 반도체 기업 실적 및 주가 악화로 이어졌다.

주식시장은 3개월, 6개월 혹은 1년 이상 미래 경기와 기업실적을 선반영하는 경우가 많다. 따라서 과거 또는 현재의 경기보다 미래 경기에 대한 전망과 예측이 중요하다. 주식시장 참가자는 물론 경제 전문가들이 향후 6~9개월 후 미래 경기를 판단할 때 사용하는 통계가 'OECD 경기선행지수CLI, Composite leading indicator'다. OECD 경기선행지수는 100을 기준으로 그 이상이면 경기 상승세, 그 이하면 경기 하락세를 의미한다. 또 100을 넘더라도 전달보다 떨어지면 경기 상승 강도가 약해진 것으로 해석할 수 있다. 회원국별로 참고하는 지표가 다른데, 우리나라는 제조업 경기전망지수, 제조업 재고순환지표, 코스피 지수, 장단기 금리차 등 6개 통계를 합쳐서 산출한다.

OECD 한국 경기선행지수를 살펴보면 2020년 8월 이후 줄곧 100 이상을 유지하다가 2022년 7월 100 아래로 떨어졌다. 이 얘기는 2022년 7월 기준으로 볼 때 빠르면 2023년 상반기, 늦어도 2023년 하반기에는 경기가 꺾일 수 있다는 뜻이다. 경기 하강 전망과

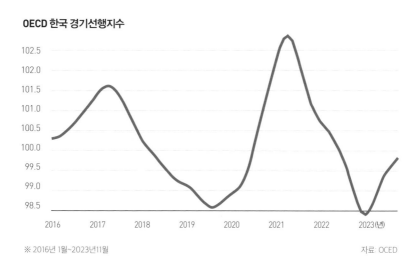

OECD 한국 경기선행지수

102.5
102.0
101.5
101.0
100.5
100.0
99.5
99.0
98.5

2016   2017   2018   2019   2020   2021   2022   2023(년)

※ 2016년 1월~2023년11월   자료: OCED

금리 상승기 겹치면서 2022년 한국 증시는 최악의 한 해를 보내야 했다(코스피 -24.9%, 코스닥 -34.3%). 하지만 OECD 경기선행지수는 2023년 2~3월 바닥을 찍고 6월 98.9까지 반등에 성공했다. 경기 침체 가능성이 눈에 띄게 떨어지면서 2023년 국내 주식시장은 큰 상승세를 기록했다.

과거실적? 미래실적? 그리고 컨센서스

'주가는 이익의 함수'라는 말이 있을 정도로 주식시장에서 기업의 이익은 주가를 좌우하는 결정적인 변수로 꼽힌다. 주당순이익

EPS에 주가수익비율PER을 곱하면 해당 기업의 주가가 산출된다. 다시 말하면 현재 기업의 주가를 EPS로 나누면 PER를 구할 수 있다. PER가 높다는 건 주가가 EPS 대비해서 높다는 뜻이고 곧 고평가를 의미한다. 반대로 PER가 낮다는 건 주가가 EPS 대비해서 낮다는 뜻으로 저평가된 상황을 가리킨다.

그런데 많은 사람들은 기업들의 실적 발표 때마다 헷갈려 한다. 어떤 기업은 아주 좋은 실적을 발표했지만 주가가 떨어지고, 어떤 기업은 최악의 실적을 발표했지만 주가가 오르기 때문이다.

국내 시가총액 1위 기업인 삼성전자 사례를 보자. 삼성전자는 2023년 4월 7일 장이 열리기 전 사상 최악의 1분기 실적을 발표했다. 2022년 1분기 영업이익 대비 96%나 감소한 처참한 실적을 발표했지만 이날 삼성전자의 주가는 4.33% 상승 마감했다. 사상 최악의 성과에도 주가가 폭등한 이유는 실적발표와 동시에 메모리 반도체 '감산'을 공식화했기 때문이다. 삼성이 반도체 감산에 나선 건 25년 만의 일이다. 메모리 점유율 세계 1위 기업인 삼성이 생산량을 줄이면 추락하던 메모리 반도체 가격이 상승하면서 수요 회복 사이클과 맞물려 실적이 개선될 것이라는 전망이 나왔다.

반면 테슬라는 과거 실적이 주가를 좌우했다. 테슬라는 2023년 4월 19일(현지시간) 장 마감 직후 1분기 실적을 발표했다. 매출은 전년 동기 대비 24% 늘었지만 영업이익은 26% 감소했다. 20%가 넘던 이익률이 20% 아래로 떨어진 것도 시장이 충격을 줬다. 전기차 가격 인하로 판매가 늘어 매출은 증가했지만 이익의 질은 낮아졌다는 평가가 나오면서 4월 20일 테슬라 주가는 10% 가깝게 급락했다. 과거 실적이 숫자로 확인되면서 주가에 그대로 반영된 대표적인 사례로 볼 수 있다.

삼성전자와 테슬라 사례에서 보듯이 미래실적 전망과 과거 실적 중 어떤 실적이 주가에 더 큰 영향을 미치는지는 딱 잘라서 말하기 어렵다. 실적 발표 시기에 기업이 처한 상황과 시장의 기대에 따라 다르기 때문에 주식 투자는 어렵기만 하다.

기업의 실적 발표는 물론 각종 경제지표 발표를 볼 때 한 가지 주의사항이 있다. 예를 들어, A라는 기업이 2023년 1분기에 전년 동기 대비 30% 증가한 영업이익을 발표했다고 가정해보자. 영업이익 30% 증가는 따로 떼어놓고 보면 상당히 좋은 실적이다. 하지만 시장의 전망치, 즉 컨센서스가 만약 40% 증가였다면 컨센서스를 10%포인트 밑돌기 때문에 좋은 실적을 냈다고 말하기 어렵다.

2022~2023년 미국은 물론 한국 주가에 큰 영향을 준 소비자물가지수$_{CPI}$도 마찬가지다. 적어도 주식시장만 놓고 보면 절대적인 수치보다 CPI가 컨센서스보다 높게 나오는지 낮게 나오는지가 중요하다.

PER, PBR, EPS
그리고 PEG

주식투자를 하기 위해 종목을 탐색하고 분석할 때 가장 중요한 개념이 PER, PBR, EPS 그리고 PEG 등 4가지다. 투자하려는 종목에 대해 위 4가지 분석만 잘해도 말도 안 되는 투자 실패는 막을 수 있다.

종목 분석에 앞서 알아둬야 할 건 EPS다. EPS는 Earnings Per Share의 약자로 주당순이익으로 번역된다. 기업의 당기순이익을 평균발행주식수로 나눈 값이다. 기업의 1주가 1년간 얼마나 순이익을 거두는지 나타내는 지표다. EPS는 당기순이익이 증가하면 커지지만 전환사채CB나 신주인수권부사채BW 등이 주식으로 전환되면서 주식수가 늘어나면 떨어지게 된다. 반대로 자사주 매입·소각이 이뤄지면 주식수가 줄기 때문에 EPS는 올라간다. 당연히 EPS가 높은 기업이 좋은 기업이다. 어느 정도 EPS가 적정한지는 같은 산업군에서 비슷한 사업을 하는 기업과 비교해봐야 한다.

$$EPS(주당순이익) = \frac{당기순이익}{유통주식수}$$

당기순이익의 절대적인 수치보다 EPS를 중요하게 생각하는 것도 다른 기업과 비교하기 위해서다. 예를 들어, 반도체 기업인 SK하이닉스와 자동차 기업인 현대차의 EPS를 비교하는 건 주식시장에서 큰 의미가 없다. SK하이닉스의 EPS는 삼성전자나 미국의 마이크론과 비교해야 한다. 현대차의 EPS는 일본의 도요타, 미국의 GM, 포드 등과 비교해야 한다.

보통 미국 기업들의 실적 발표를 보면 EPS를 가장 기본적으로 발표한다. 실적 추정을 할 때도 EPS 위주로 한다. 상장사라면 주식수 대비 얼마나 돈을 잘 버느냐가 중요하다는 뜻이다. 하지만 국내 상장사들은 총 영업이익, 당기순이익을 발표하지 EPS는 잘 발표하지 않는다. 증권가에서도 EPS를 추정하기보다 영업이익이나 당기순이익을 추정하는 게 일반적이다.

EPS를 알고 나면 그 다음은 PER를 구해서 동종업계 다른 기업과 비교해봐야 한다. PER는 'Price Earning Ratio'의 약자로 '주가수익비율'로 번역된다. P/E ratio라고 부르기도 한다. PER는 현재 주가를 주당순이익EPS로 나눠 구한다. 1주당 3,000원을 버는 기업인데 현재 주가가 3,000원이면 PER는 1이 된다. 1주당 3,000원 버는 기업인데 현재 주가가 3만 원이면 PER는 10이 된다. PER가 낮다는 건 돈을 잘 벌지만 주가가 낮아 저평가됐다는 뜻이고 반대로 PER가 높다는 건 돈을 버는 것보다 주가가 앞서서 많이 올라 고평가됐다는 뜻이다. 보통은 PER 10을 기준으로 10 이상이면 고평가, 10 이하면 저평가라고 하지만 동종업계 기업과 비교해보는 게 더 중요하다.

$$\text{PER(주가수익비율)} = \frac{\text{주가}}{\text{EPS(주당순이익)}} = \frac{\text{주가}}{\dfrac{\text{당기순이익}}{\text{유통주식수}}} = \frac{\text{시가총액(주가×유통주식수)}}{\text{당기순이익}}$$

PER는 EPS가 주당순이익이기 때문에 공식에 대입하면 시가총액을 당기순이익으로 나눈 값으로 더 간단히 구할 수 있다. 주당순이익을 어렵게 구하지 않아도 된다는 뜻이다. 1년에 당기순이익이 1,000원인 기업의 시가총액이 1만 원이라면 PER는 10배가 된다. 이 회사를 1만 원에 인수한다고 가정하면 11년째부터 손익분기점을 넘기게 된다.

그런데 이 회사의 실적이 해마다 큰 폭으로 성장한다면 얘기가 달라진다. 올해는 1,000원의 당기순이익을 거뒀지만 내년부터 해마다 1,000원씩 당기순이익이 증가한다면 인수 후 5년째부터 손익분기점을 넘어서게 된다. 따라서 이런 기업이라면 PER를 20배 줄 수도 있다. PER를 20배 주게 되면 '20＝시가총액/1,000'이기 때문에 시가총액은 2만 원이 된다. 즉, 미래 성장이 예상되기 때문에 현재 주가가 2배 더 비싸게 거래될 수도 있다는 뜻이다. 그런데 만약 현재 주가가 시총 2만 원 아래에 형성돼 있다면 저평가, 2만 원 위에 형성돼 있다면 고평가라는 분석이 가능하다.

PER를 계산할 때 중요한 게 과거 또는 현재 기준인지 미래 기준인지 하는 부분이다. 현재 실적 또는 과거 실적을 기준으로 산출하면 트레일링Trailing(후행) PER라고 한다. 미래 실적을 추정해서 산출하면 포워드Forward(선행) PER라고 부른다. 보통은 트레일링 PER를 쓰지만 큰 성장이 예상되는 기업의 경우 포워드 PER를 가져와서 주가에 대입하는 경우가 많다. 이런 성장주는 과거보다 미래가 중요하고, 성장주 주가는 1~2년 뒤에 미래 실적까지 당겨 와서 주가에 반영하기 때문이다. 따라서 성장주의 PER는 30~40배도 흔하다. 지금은 PER 30~40배에 해당할 만큼 주가(시가총액)가 높지만 1~2년 뒤에 보면 그만큼 돈을 잘 벌어 PER가 떨어질 수 있다.

PER는 국가 간, 업종 간, 종목 간 주가지수 수준을 비교하는 용도로 가장 많이 사용된다. PER를 비교하면 어떤 시장, 업종, 종목이 고평가됐는지 저평가됐는지 알 수 있기 때문이다. PER가 높은 곳에 투자했다가는 상투 잡기 쉽기 때문에 저평가된 곳에 투자해야 한다는 투자 아이디어를 도출하기 위해서다. 하지만 PER만 비교해서 저평가된 곳에 투자했다가 영원히 저평가 상태(밸류트랩)$_{\text{Value trap}}$에 머물 수도 있기 때문에 시장 분위기를 참고하는 정도로만 활용하는 게 바람직하다.

PBR는 Price Book value Ratio의 약자로 '주가순자산비율'이라는 뜻을 담고 있다. 기업의 순자산(자산-부채) 대비 1주당 가격이 몇 배인지 나타내는 지표다.

$$PBR(주가순자산비율) =$$

$$\frac{주가}{BPS(주당순자산가치)} = \frac{주가}{\dfrac{순자산(자산-부채)}{유통주식수}} = \frac{시가총액(주가 \times 유통주식수)}{순자산}$$

위 공식에서 순자산과 시가총액을 비교하는 지표가 PBR다. 예를 들어, PBR 1배라는 뜻은 기업이 보유한 재산을 모두 매각한 가치와 시가총액이 일치한다는 뜻이다. 기업이 망해서 청산하게 될 때 PBR 1배라면 주주들도 투자금을 거의 다 회수할 가능성이 크다. 따라서 PBR가 1보다 크면 시가총액이 순자산보다 크기 때문에 고평가 국면이라고 볼 수 있고 반면 PBR가 1보다 작으면 저평가된 상황으로 볼 수 있다.

물론 PBR 1배 기준도 업종, 종목마다 제각각이다. 예를 들어, SK하이닉스는 보통 PBR 1배 이하로 주가로 내려가면 매수 타이밍으로 보는 견해가 많다. 역사적으로 PBR 1배 이하로 내려가면 반등하는 경우가 많았기 때문이다.

공식에서 유추할 수 있듯이 저PBR주는 회사가 가진 재산은 많은데 주가가 낮은 경우에 해당한다. 가진 것 많은 알짜 회사지만 회사의 영업실적, 이익성장 등이 별 기대를 모으지 못하는 자산주라면 저PBR에서 벗어나기 어렵다.

고PBR주도 수두룩하다. 대표적으로 제약, 바이오업계를 꼽을 수 있다. 특히 신약 개발에 치중하는 제약, 바이오 기업들은 연구원들이 가장 큰 자산이다. 별다른 캐시카우가 없는 경우가 많다. 하지만 신약 개발에 성공하면 전 세계 시장에서 큰 돈을 벌 수 있다는 기대감에 주가는 앞서서 뛰기 마련이다. 주가가 뛴다는 건 시가총액이 늘어난다는 뜻이다. 순자산은 별로 없지만 시가총액은 높아 PBR도 5배, 10배 또는 그 이상 가는 경우가 많다. 따라서 제약, 바이오 기업에 투자할 때 PBR 1배를 기준으로 저평가, 고평가를 따져서는 곤란하다.

기술주, 성장주 투자에 관심이 많은 투자자라면 PEG_{Price Earnings to Growth ratio} 지표도 관심을 가지고 보면 수익률을 높이는 데 도움이 된다. PEG는 우리말로 '주가수익성장비율'로 번역된다. 자주 접하는 지표가 아니다 보니 생소하지만 개념을 알고 보면 그리 어렵지 않다.

$$\text{PEG(주가수익성장비율)} = \frac{\text{PER(주가수익비율)}}{\text{EPS(주당순이익) 성장률}}$$

　PEG는 PER(주가수익비율)를 주당순이익인 EPS 성장률로 나눈 값이다. PER가 현재 50배, 100배를 간다고 해도 EPS 성장률이 뒷받침된다면 PEG가 낮게 나오면서 고성장주의 현재 주가와 시가총액에 대해 정당성을 부여해준다.

　이 지표를 고안한 사람은 전설적인 펀드 매니저로 이름을 날린 피터 린치로 알려졌다. 피터 린치는 PER가 높게 나와도 이익 성장이 뒷받침되는 기업이라만 투자할 만한 가치가 있다고 보고 PEG 0.5배 이하에서 매수해서 1.5배 수준에서 매도하는 전략을 제시했다.

　예를 들어 보자. 현재 PER가 100배 가는 기업이 있다. 이런 주식은 너무 비싸서 손에 가지 않는다. 하지만 만약 이 종목의 순이익이 매년 100%씩 증가한다면 어떨까? PER가 100배지만 PEG는 '100배/100% = 1배'에 그친다. 워낙 고성장이 예상되기 때문에 현재의 높은 주가 수준도 큰 문제가 아니라는 해석이 가능하다. 그런데 만약 이 종목의 이익성장률이 매년 20%에 그친다면 PEG는 '100배/20% = 5배'로 현재 주가 수준이 상당히 부담스럽다는 걸 알 수 있다. 향후 수년간은 꾸준히 전년 대비 2배 이상 주당순이익이 늘어야 현재 시점의 주가가 비싸지 않다고 해석할 수 있다.

채권 ABC

2022년은 개인 투자자들이 본격적으로 채권시장에 뛰어든 원년이다. 그동안 채권 투자(매매)는 은행, 증권사, 보험사, 외국인 등 국내외 기관투자자들이 주도해왔다. 채권은 어렵고 거래를 하기 위해서는 대규모 자금이 필요했기 때문이다.

하지만 본격적인 금리상승이 시작된 2022년 개인 투자자들의 채권 투자가 폭발적으로 증가했다. 채권 금리가 올라가면서 만기까지 보유하며 높은 수준의 확정이자를 지급받기를 원하는 투자자들이 늘었기 때문이다. 주식은 원금 손실 위험이 있고 이자라는 개념이 없지만 채권은 채권을 발행한 정부나 기업이 망하지 않는 한 원금 손실 위험이 없고 매 3개월 또는 6개월마다 확정이자를 지급받을 수 있다.

이런 이유로 3~4조 원에 머물던 개인의 채권 순매수액은 2022년 20조 6,113억 원으로 폭증했다. 2023년에는 37조 5,620억 원으로 다시 한 번 기록을 경신했다. 2020년 주식시장에 개인 투자자들이 본격적으로 뛰어들며 '동학개미'라는 용어가 생겼다면 채권에 투자하는 개인 투자자들은 '채권개미'라고 불리며 기관 위주의 채권시장에서 중요한 거래 주체가 되고 있다. 주식에 대한 지식이 부족한 개인 투자자를 '주린이'라고 부른다면 이제 막 채권에 관심을 가지며 투자에 나선 개인 투자자는 '채린이'라고 불린다.

최근 5년 개인 채권 투자 현황

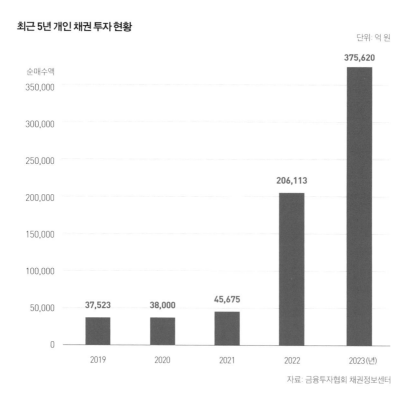

자료: 금융투자협회 채권정보센터

채권과 주식 비교

우선 채권의 기본 개념부터 알아야 한다. 채권은 정부나 지방자치단체, 금융기관, 주식회사 등이 거액의 자금을 장기간 빌리기 위해 발행한 '확정이자부 유가증권(차용증서)'이다. 채권은 발행주체가 법적으로 정해져 있고, 만기에 원금을 상환해야 하는 기한부증권이며, 표면이율에 따라 확정이자를 지급해야 한다. 채권의 가격은 시장금리에 따라 오르고 내리지만 만기까지 보유하면 가격 변동 위험은 피하고 원금을 그대로 돌려받을 수 있다.

채권을 주식과 비교하면 조금 더 이해가 쉽다. 채권과 주식은 유가증권이라는 공통점이 있다. 기업 등이 자금을 조달하는 수단이란 것도 같다. 투자자 입장에서는 원금 손실 가능성이 있고 유통시장에서 거래가 가능하다는 점도 같다.

하지만 발행자, 증권의 성격, 투자자의 지위, 발행자 부도 시 상환 우선순위, 권리의 성격 등에 있어서 큰 차이를 보인다. 가장 결정적인 차이는 주식과 달리 채권은 만기와 금리가 정해져 있고 만기까지 보유 시 원금을 보장받는다는 점이다. 주식의 경우 이자에 해당하는 배당이 있지만 배당은 기업이 줄 수 있고 안 줄 수도 있어 가변적이다. 배당 유무는 물론 배당 규모 역시 사전에 정해지지 않는다.

회사가 파산할 경우 채권자가 주주보다 우선 변제권을 갖는 것도 큰 차이점이다. 기업이 부도가 나 파산할 경우 잔여재산을 처분하게 되는데 우선변제 순서는 채권자, 후순위 채권자, 우선주주, 보통주주 순이다. 물론 파산한 회사에 남은 재산이 별로 없는 경우 최우선변제권이 있는 채권자라고 해도 원금을 다 날리거나 일부만 회수할 가능성이 없지 않다.

주식과 채권 비교

구분	채권	주식
공통점	자금조달 수단, 원금손실 가능성 있는 유가증권, 거래가능, 가치변동	
발행자	정부, 지자체, 금융기관, 주식회사	주식회사
증권 성격	채무증권(타인자본, 부채)	출자증권(자기자본)
투자자 지위	채권자	주주
회사 부도 시	주식보다 우선변제권	채무 변제 후 잔여재산 분배
원금상환	만기에 상환 의무	상환 의무 없음
권리 성격	확정적	가변적
경영참가	없음	있음
이익배분	이자(확정적)	배당(가변적)
존속기간	한시적	영구적

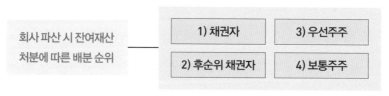

회사 파산 시 잔여재산
처분에 따른 배분 순위

1) 채권자   3) 우선주주

2) 후순위 채권자   4) 보통주주

자료: 한국거래소

표면금리, 만기수익률, 듀레이션

　채권에 투자하기에 앞서 꼭 알아야 할 3가지 개념이 있다. 표면이자 또는 표면금리(쿠폰이자, 쿠폰금리Coupon rate)는 가장 일반적인 채권인 이표채 투자 시 3개월 또는 6개월 또는 1년에 한 번 주는 이자를 가리킨다. 이표채에는 채권의 액면가Face value, 만기Maturity, 그리고 표면금리가 기재돼 있다. 액면가는 채권의 원금과 같은 개념이다. 표면금리는 채권에 투자할 때 받는 확정이자와 같다.

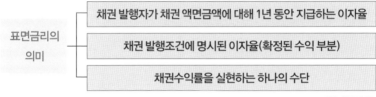

자료: 한국거래소

　채권의 액면가와 채권가격(채권의 시장 가격)을 절대 혼동해서는 안 된다. 채권의 액면가는 변하지 않는다. 채권의 표면금리 역시 변하지 않는다. 따라서 채권의 시장 가격이 아무리 요동을 친다고 해도 만기 때까지 채권을 보유하면 표면금리에 따른 확정이자를 꼬박꼬박 받고 만기 시에는 투자원금을 그대로 돌려받을 수 있다. 이 경우 채권 투자에서 기대할 수 있는 수익률은 이자수익뿐이다.

　하지만 채권에 투자하면서 이자수익만 기대하는 투자자는 드물다. 채권 투자 원금인 액면가와 채권가격 간의 차이에서 발생하는 자본이익을 얻기 위해 투자하는 경우가 더 일반적이라고 볼 수 있다. 채권을 액면가보다 싸게 사면 자본이익을 기대할 수 있고 반대의 경우 자본손실을 보게 된다. 채권을 만기 때까지 보유할 목적으로 샀다가 중간에 부득이하게 팔아야 하는데 마침 채권 가격이 크게 떨어졌다면 원금 손실은 불가피하다.

채권의 표면금리와 채권수익률(시장금리, 시장수익률)도 절대 혼동해서는 안 된다. 채권에 기재된 표면금리는 변하지 않는다. 중간에 여러 번 주인이 바뀐다고 해도 변치 않는다. 하지만 채권수익률은 시장 상황에 따라 바뀐다. 중앙은행이 기준금리를 올리면 채권금리도 덩달아 뛴다. 채권금리가 올라가면 이전에 낮은 표면금리로 발행된 채권보다 시장금리를 반영해 높은 금리도 발행된 채권에 투자수요가 몰리게 된다. 따라서 기존에 낮은 표면금리로 발행된 채권은 수요가 줄면서 채권가격도 떨어진다. 이렇게 채권가격과 채권금리 또는 채권수익률은 반비례 관계에 놓여 있다.

채권수익률과 채권가격과의 관계: 부(-)의 관계

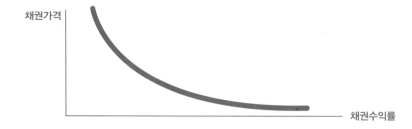

채권가격과 채권수익률은 반대로 움직인다. 따라서 액면가보다 낮은 가격에 채권을 사게 되면 채권수익률은 올라가고 반대로 액면가보다 높은 가격에 채권을 사게 되면 채권수익률은 떨어진다.

이때 채권수익률은 채권의 만기수익률$_{\text{YTM, Yield To Maturity}}$을 의미한다. 액면가 그대로 만기까지 보유하면 채권수익률은 표면이율과 일치한다. 하지만 이 채권을 액면가보다 싸게 매입하면 자본이익까지 얻을 수 있기 때문에 만기수익률은 표면이율보다 높다.

예를 들어, 액면가 1,000원짜리 채권의 만기수익률은 5%, 표면이율은 1%, 1년 만기라고 해보자. 표면이율은 1%기 때문에 만기에 받는 원리금은 원금 1,000원, 이자 10원을 합쳐 1,010원뿐이다. 하지만 만기수익률이 5%라고 했기 때문에 실제로는 채권을 1,000원보다 싸게 사게 된다. 계산을 해보면 채권가격은 961.9원이다. 961.9원을 주고 채권을 살 경우 총 수익은 '38.1원+10원=48.1원'이다. 따라서 이 경우 채권의 만기수익률은 '48.1원/961.9원×100=5.00%'라는 결과가 도출된다.

채권에 투자해 채권가격의 등락에 따른 자본이익을 얻고 싶다면 '듀레이션$_{\text{Duration}}$'을 반드시 알아야 한다. 채권에서 가장 어렵고 이해하기 힘든 부분이다. 채권 투자를 준비하다 듀레이션이 어려워 포기하는 경우도 많은데 복잡한 수식이 나오기 때문이다. 하지만 우리는 복잡한 수식을 생각할 필요 없이 원리만 이해하면 된다.

듀레이션은 채권의 '가중평균만기'라고 번역된다. 채권에 투자하면 이표채의 경우 일정기간마다 현금흐름(확정이자)이 발생한다.

그리고 채권은 시장에서 액면가보다 싸게 살 수도 있고 비싸게 살 수도 있다. 이렇게 채권에 투자한 경우 채권에서 발생하는 현금흐름을 다 합쳐 투자원금을 회수하는 데 걸리는 평균회수기간이 듀레이션이다.

듀레이션은 만기, 표면금리, 만기수익률 등에 영향을 받는다. 우선 듀레이션은 채권의 만기가 길수록 길다. 채권의 만기와 비례한다는 뜻이다. 채권의 표면금리가 낮으면 투자기간 중 발생하는 현금흐름이 적기 때문에 듀레이션이 길고, 반대로 표면금리가 높으면 듀레이션은 짧다. 채권의 만기수익률이 높다는 건 표면이율이 같은 경우 채권가격이 싸다는 뜻이고, 채권 투자 원금이 액면가보다 적기 때문에 만기수익률이 낮은 경우보다 듀레이션이 짧다.

그런데 보통은 거꾸로 봐야 하는 경우가 많다. 채권의 만기수익률 또는 채권금리가 올라가는 상황을 보자. 채권수익률이 올라가면 채권가격이 떨어지는데, 듀레이션이 짧을수록 채권가격 하락폭이 적고 반대로 듀레이션이 길수록 채권가격 하락폭이 크다. 반대로 채권금리가 내려가면 채권가격이 올라가는데, 듀레이션이 짧을수록 채권가격 상승폭이 적고 듀레이션이 길수록 채권가격 상승폭이 크다.

따라서 금리상승기에는 듀레이션이 짧은 채권에 투자해야 채권가격이 급격히 떨어지는 걸 막을 수 있다. 반면, 금리하락기에는 듀레이션을 길게 가져가야 채권가격 상승폭이 크기 때문에 수익률을 극대화할 수 있다.

금리가 많이 상승해 채권수익률이 정점에 올랐다고 보면 어떻게 해야 할까? 이 경우 채권가격은 크게 떨어져 채권을 싸게 살 수 있어 채권 투자의 적기로 볼 수 있다. 금리가 피크아웃_{Peak out}하면서 내려가게 되면 채권가격이 올라가는데, 듀레이션이 긴 채권이 가격민감도가 더 크기 때문에 훨씬 높은 수익률을 올리게 된다.

뜨거운 감자
'공매도'

　우리나라 주식시장에서 공매도만큼 논란이 뜨거운 이슈도 없다. 개인투자자들은 공매도에 거품을 물고 반대하지만 소위 전문가라는 사람들은 공매도의 순기능을 언급하며 불법이 아닌 한 공매도를 막아서는 안 된다고 주장한다. 공매도 이슈는 정치권에서도 크게 논란이 된다. 개인투자자들이란 곧 시민이고 투표권을 가진 국민이기 때문이다. 세상 모든 이슈에 대해서 국민들의 찬반 의견은 팽팽하게 맞서지만 주식시장에 참여하고 있는 개인투자자들은 거의 대부분 공매도라고 하면 치를 떨고 반대한다. 공매도 앞에 반드시 '불법'이라는 수식어가 따라붙고 뒤에는 '세력'이라는 꼬리표가 붙는 것만 봐도 알 수 있다.

주식을 빌려서라도 파는 공매도

공매도Short Selling는 내 소유가 아닌 주식을 파는 행위를 가리킨다. 없는 주식을 빌려서 팔면 '차입 공매도Covered Short Selling'라고 하고, 빌리지도 않고 아예 없는 주식을 매도하면 '무차입 공매도Naked Short Selling'라고 부른다. 차입 공매도는 허용하는 나라가 많지만, 무차입 공매도는 금지(불법)하는 나라가 많다. 없는 주식이지만 매도해놓고 결제일이 됐는데도 주가가 떨어지지 않은 경우 결제 불이행 위험이 높기 때문이다.

차입이든 무차입이든 공매도는 내 주식이 아닌 주식을 먼저 시장에 매도하는 행위를 동반한다. 갖지 않은 주식을 팔아야 할 만큼 해당 주식 가격이 지나치게 높다고 보기 때문이다. 주가에 심하게 거품(버블)이 끼었다고 보기 때문에 숏(매도) 포지션을 잡는 것이다. 일단 내다 판 주식의 주가가 진짜로 떨어지면 공매도한 사람은 싼 가격에 주식을 사서 갚아버리면(숏 커버)Short Cover 주가가 떨어진 만큼 이익을 본다. 물론 주식을 빌린 수수료는 내야 한다.

공매도를 긍정적으로 보는 사람들은 공매도가 주식시장 거품을 제거할 수 있다고 믿는다. 2020년 '중국의 스타벅스'로 불리던 루이싱 커피Luckin Coffee 사례가 대표적이다. 공매도 투자 전문업체인 머디 워터스는 2020년 1월 루이싱 커피의 회계 부정 사실을 폭로했고 결국 사실로 드러나 2020년 6월 나스닥에서 퇴출당했다. 루이싱 커피의 주가가 곤두박질친 건 당연하다. 루이싱 커피 사례처럼 공매도는 기업이 감추는 나쁜 면, 주가에 부정적인 사실을 들춰내 해당 기업의 주가가 내재 가치, 본질 가치에 비해 뻥튀기 되지 않게 막는 역할을 한다. 공매도의 가격발견 기능이라고 얘기되는 대목이다.

이익은 2배, 손실은 무한대

공매도는 주가 하락에 배팅하는 투자법이다. 주가가 하락해야 돈을 번다는 뜻이다. 그리고 '선매수-후매도'의 일반적인 투자법과 달리 '선매도-후매수'라는 방법으로 이뤄진다. 순서만 다를 뿐인데 공매도의 손실은 무한대지만 이익은 2배로 제한된다. 반면 일반 투자자의 손실은 원금까지지만 이익은 무한대로 공매도와 정반대다. 그만큼 공매도는 투자 위험성이 높아 우리나라 시장의 경우 개인보다는 기관과 외국인 투자자들에 의해 대부분 이뤄지고 있다.

예를 들어, 현재 주가가 10만 원인 A주식 100주를 공매도했다고 가정해보자. 공매도 후 주가가 이론적으로 0원까지 떨어지면 공

공매도와 일반 투자의 차이

구분	공매도(숏 포지션)	일반 투자(롱 포지션)
주가 상승 시	손실 무한대	이익 무한대
주가 하락 시	이익 최대 원금의 2배	손실 원금으로 제한

매도 투자자는 비용을 제외하고 주당 10만 원의 이익을 얻을 수 있다. 10만 원에 팔았는데 0원에 사서 주식을 갚아버릴 수 있기 때문이다. 반면 주가가 20만 원, 30만 원 등 천정부지로 치솟으면 손실은 기하급수적으로 늘어난다. 주가가 얼마나 더 오를지 모르기 때문에 빨리 갚지 않으면 손실 규모는 더 커진다. 숏 커버링이 일반적으로 공매도 투자 후 주가와 상관없이 이뤄진다면 주가가 갑자기 지나치게 올라 더 큰 손실을 막기 위해 이뤄지는 숏 커버링은 특별히 '숏 스퀴즈Short Squeeze'라고 부른다. 숏 스퀴즈 상황이 되면 공매도 청산을 위해 빌린 주식을 갚으려고 높은 가격에 매수 주문을 내야 하기 때문에 주가의 추가 상승 요인이 되기도 한다.

공매도와 달리 일반적인 투자는 롱Long 포지션이라고 한다. 앞의 A주식 예에서 A주식은 아무리 많이 떨어져도 0원이 최대 하락폭이기 때문에 주당 10만 원 손실, 원금을 모두 날리는 게 최대 손실이다. 최대 손실은 원금으로 제한된다. 반면 A주식은 어디까지 오를지 제한이 없다. 따라서 A주식 투자 시 얻을 수 있는 수익은 사실상 무한대다. 물론 무한대의 이익을 얻는 사람은 드물지만 이론적으로 그렇다는 얘기다.

대한민국의 공매도

우리나라는 코로나19 팬데믹으로 주식시장이 붕괴하자 2020년

3월 16일 주식시장 안정을 위해 모든 공매도를 금지했다. 그리고 그 뒤 주식시장이 빠르게 회복하자 2021년 5월 3일 코스피 200과 코스닥 150 지수를 구성하는 대형주에 한해 부분적으로 공매도를 재개했다.

공매도를 재개했지만 무차입 공매도까지 허용하는 건 아니었다. 우리나라는 차입 공매도만 허용하고 무차입 공매도는 불법으로 과징금과 형사처벌 대상으로 분류하고 있다. 무차입 공매도는 시장질서를 교란하는 행위, 시세조종 행위라는 인식을 반영한 결과다.

과거에는 무차입 불법 공매도 적발도 잘 되지 않고 처벌 수위도 약했다. 금융위원회에 따르면 2020년 이후 공매도 규제 위반으로 적발된 경우 평균 과태료는 2018년 골드만삭스(75억 원)를 제외하면 1사당 평균 4,000만 원에 그쳤다. 하지만 2021년 제도 개선으로 과징금은 이익 여부와 무관하게 '주문금액 전체'를 한도로 부과할 수 있게 됐다. 그리고 형사처벌은 1년 이상의 유기징역 또는 부당이득액의 3~5배 이하 벌금으로 강화됐다.

처벌 수위를 높인 이유는 불법 공매도를 사전에 차단하기 위해서다. 그리고 개인투자자들도 공매도를 할 수 있도록 제도가 많이 개선됐지만 대부분의 공매도가 기관 및 외국인 투자자들에 의해 이뤄지고 있다는 점도 불법 공매도 처벌을 강화한 요인으로 꼽힌다. 개인 투자자들을 두텁게 보호하는 것은 주식시장을 건전하게 발전시키기 위해 중요한 요소다.

금융당국은 2023년 11월 6일 국내 주식시장에서 공매도를 다시 전부 금지했다. 그동안 제도 개선에도 불구하고 외국인과 기관의 무차입 불법 공매도가 반복적으로 이뤄져 개인 투자자들의 불만이 치솟았기 때문이다.

IPO, 공모주 그리고 따상

　2021년은 우리나라 주식시장 역사에서 신규상장이 가장 많았던 해로 기록됐다. 금융감독원에 따르면 코스피, 코스닥 신규상장 기업은 2019년 73개, 2020년 70개로 공모금액은 각각 3조 2,101억 원, 4조 5,426억 원이었다. 하지만 주식시장 활황으로 2021년에는 신규상장 기업수가 89곳으로 급증했고, 공모금액도 19조 7,084억 원으로 크게 늘었다. SK바이오사이언스, SK아이테크놀로지, 크래프톤, 카카오뱅크, 현대중공업, 카카오페이 등이 대표적인 신규상장 기업이다.

　새로 상장하면서 모집한 자금(공모금액) 규모도 역대급이다. 2021년 8월 10일 상장한 크래프톤의 공모금액은 4조 3,098억 원에 달한다. 카카오뱅크는 2조 5,526억 원, SK아이테크놀로지는 2조 2,459

2021년 신규상장 주요기업

기업명	상장일	공모금액
크래프톤	2021.08.10	4조 3,098억 원
카카오뱅크	2021.08.06	2조 5,526억 원
SK아이테크놀로지	2021.05.11	2조 2,459억 원
카카오페이	2021.11.03	1조 5,300억 원
SK바이오사이언스	2021.03.18	1조 4,917억 원

억 원, 카카오페이 1조 5,300억 원, SK바이오사이언스 1조 4,917억 원 등이다.

공모금액은 공모주식수에 공모가를 곱해서 산출한다. SK바이오사이언스의 경우 확정공모가가 6만 5,000원이었고 공모주식수는 2,295만 주였다. 둘을 곱하면 1조 4,917억 원이 나온다. SK바이오는 2,295만 주를 새로 발행해 개인과 기관투자자 등에게 나눠주고 1조 4,917억 원을 유치했다. 기업 입장에서 공모주는 자금 조달 창구가 되고, 투자자들은 시장 가치보다 싸게 발행되는 공모주 투자를 통해 수익을 얻을 수 있다.

IPO절차와 상장

기업공개로 번역되는 IPO_{Initial Public Offering}는 기업을 일반 대중에게 공개하고 자본을 조달하는 절차다. 기업을 대중에게 공개한다는 건 전반적인 기업의 경영내용을 투명하게 공개, 공시한다는 뜻도 있지만 기업의 주식을 다수의 투자자들에게 분산 매각한다는 뜻도 담고 있다.

기업공개 절차

기업이 IPO를 하는 과정에서 일반 투자자들에게 중요한 수요예측, 공모가 확정, 공모주 청약 그리고 상장 등의 절차를 거치게 된다. 즉, 상장_{Listing}이란 IPO의 결과인 셈이다. 보통은 IPO와 상장을 같은 의미로 사용하지만 상장보다 IPO가 훨씬 크고 넓은 개념이다.

공모주 청약 ABC

기업이 증권사와 함께 IPO과정을 진행할 때 일반 투자자 입장에서 관심을 가지고 지켜봐야 하는 과정은 기관 투자자를 대상으로 하는 수요예측과 공모가 확정 단계다. 수요예측은 기관과 외국인을 대상으로 희망 매수가격과 수량을 미리 받아보는 절차로 공모가를 확정하는 기초 자료가 된다. 만약 기관 수요예측 결과 공모가가 기업에서 희망하는 가격보다 훨씬 낮거나 기관들이 인수하겠다는 수량이 현저하게 적은 경우 기업은 공모계획을 접고 IPO절차를 중단하기도 한다. '상장 철회'라고 하는 부분이다.

수요예측을 무사히 통과하면 기업은 IPO과정을 주관하는 증권사와 협의해 공모가를 확정한다. 확정 공모가는 공모주 투자를 노리는 모든 투자자들에게 가장 중요한 부분이다. 공모가가 동종업계의 비슷한 규모의 국내외 기업과 비교해 지나치게 높게 책정되면 일반 투자자를 대상으로 하는 공모주 청약에서 흥행 참패를 기록할 가능성이 높다. 반면 합리적인 수준에서 공모가가 정해지면 공모주 청약에 큰 자금이 몰리게 된다. 특히, 적정 가격보다 낮게 책정됐다고 여겨지면 공모주 투자(매수 후 매도)로 큰돈을 벌 수 있기 때문에 공모주를 한 주라도 더 배정받기 위해 치열한 경쟁이 벌어진다.

공모주 청약과 관련한 역대 기록을 다 갱신한 2022년 1월 LG에너지솔루션 사례를 보자. LG에너지솔루션 일반 청약에 들어온 청

LG에너지솔루션이 세운 기업공개IPO 기록

○ 공모 규모	12조 7,500억 원
○ 기관 수요예측 주문금액	1경 5,203억 원
○ 기관 수요예측 경쟁률	2023 대 1
○ 청약 증거금	114조 1,066억 원
○ 청약 계좌 수	442만 4,470개

자료: 금융감독원, 금융투자업계

약 증거금만 114조 원에 달한다. 청약 접수건수만 442만 건인데, 중복청약이 안 되기 때문에 442만 명이 LG에너지솔루션 주식 1주라도 받기 위해 청약에 참여했다는 뜻이다. 개인들이 114조 원의 청약증거금을 냈다. 이 중에서 실제 주식을 배정받는데 3조 2,911억 원이 쓰였고 나머지 110조 원은 개인 투자자들에게 환불됐다.

공모주에 청약하기 위해서는 우선 공모주 청약을 받는 증권사에 주식 계좌가 있어야 한다. 증권사마다 규정이 다른데, 보통은 일반청약을 받는 날(디데이) 하루 전(D-1일)까지 계좌를 개설해야 한다. 일부 증권사는 청약 첫날 계좌를 개설해도 청약을 받는데 이런 경우는 드물다.

공모주 청약 과정

청약증거금도 준비해야 한다. 공모주 청약을 하려면 총 청약금의 50%를 증거금으로 납부해야 한다. 예를 들어, LG에너지솔루션의 경우 공모가가 1주당 30만 원이기 때문에 10주를 청약하려면 300만 원이 아니라 150만 원만 납부하면 된다. 10주를 전부 배정받게 되면 모자라는 150만 원은 그때 납부할 수 있다. 만약 한 주도 배정받지 못하면 공모주 청약일을 기준으로 2영업일(D+2일)에 150만 원을 모두 환불받는다.

공모주 청약을 위해 알아둘 것

청약일에 청약증거금 납입
(청약 주식 수량의 50%에 해당하는 금액)

해당 증권사의 증권계좌 필요

증권사마다 청약 자격이나 청약 마감 시간 등 청약 방법이 제각각임

공모주 청약 후에는 비례방식과 균등방식에 따라 주식을 배정받게 된다. 과거에는 청약주식수(납부한 청약증거금)에 비례해 배정을 했지만 청약증거금을 많이 낼 수 있는 자본가들만 경쟁이 치열한 공모주 청약에서 유리하다는 문제가 발생했다. 이에 최소 청약증거금 이상 납부한 모든 청약자에게 50% 이상을 배정(균등방식)하고 남은 주식은 청약증거금에 비례해 배정(비례방식)하도록 제도가 개선됐다.

　　이전에는 청약을 많이 할수록 청약증거금을 많이 납부할수록 더 많은 주식을 배정받았다. 하지만 바뀐 제도에 따르면 일단 청약자수가 균등배정 물량보다 적으면 모두 동일한 수량을 기본적으로 배정받고 그 다음 남은 물량에 대해서만 청약주식 수(청약증거금 규모)에 따라 비례해서 배정하기 때문에 무조건 청약을 많이 한 사람에게 유리한 구조는 개선됐다.

　　그런데 이런 청약경쟁이 한 개 증권사에서만 일어나면 큰 문제가 없다. 보통 투자자들이 관심을 가지는 공모주 청약은 복수의 증권사에서 청약을 받는다. LG에너지솔루션 청약의 경우 미래에셋증권, KB증권, 대신증권, 신한금융투자, 하나금융투자, 신영증권, 하이투자증권 등 7곳이나 됐기 때문에 1주라도 받기 위한 투자자들의 눈치싸움이 치열하게 벌어졌다. 청약 물량이 많은 증권사일수록, 청약자 수가 적은 증권사일수록 공모주를 많이 배정받을 수 있기 때문이다.

　　보통 공모주 일반 청약이 이틀간 진행되기 때문에 일단 첫날 증권사별 분위기를 보고 마지막날 경쟁이 덜한 곳에 청약해야 하는데 모든 투자자들이 비슷한 생각이기 때문에 마지막까지 눈치싸움을 펼칠 수밖에 없다. 다음 LG에너지솔루션 사례를 보면 대신증권, 하이투자증권, 신영증권 순으로 해당 증권사에 청약한 경우 균등배정으로 가장 많은 주식을 배정받은 것으로 나타났다. 미래에셋증권에서 청약한 경우엔 1주도 못 받은 투자자도 많았다.

LG에너지솔루션 균등배정 결과

증권사	배정주식	청약자	균등배정 (배정주식수/ 청약자수)	의미
대신증권	1,257,034	720,271	1.75주	1주+추첨으로 75%에게 1주씩 추가배정
하이투자증권	114,276	68,038	1.68주	1주+추첨으로 68%에게 1주씩 추가배정
신영증권	114,276	72,134	1.58주	1주+추첨으로 58%에게 1주씩 추가배정
신한금융투자	1,257,034	908,315	1.38주	1주+추첨으로 38%에게 1주씩 추가배정
KB증권	2,514,069	2,131,530	1.18주	1주+추첨으로 18%에게 1주씩 추가배정
하나금융투자	114,276	101,955	1.12주	1주+추첨으로 12%에게 1주씩 추가배정
미래에셋증권	114,276	422,218	0.27주	0주+추첨으로 27%에게 1주씩 배정

따상, 따따상은 역사 속으로

공모주 청약, 주식배정, 주식대금 납입, 환불까지 다 끝나면 남은 건 상장뿐이다. 상장하는 날까지 남은 기간 언론사, 증권사 등에서는 해당 주식의 주가가 과연 얼마까지 오를지 내릴지 수많은 분석, 전망을 쏟아낸다. 이런 분석과 전망은 시장 심리를 좌우해 상장 첫날 주가에 결정적 영향을 미친다.

수요예측, 일반청약 등에서 대박을 터뜨린 공모주는 상장 첫날 따상을 기록할지 관심을 모은다. '따상'은 시초가가 공모가의 200%로 결정된 후 가격제한폭 상단인 30%까지 상장 첫날 주가가 상승하는 경우를 가리킨다. 따라서 공모주 상장 첫날 주가는 공모가격 대비 63~260% 범위 안에서 움직이게 된다. 따상 후 다음날에도 30%까지 오르며 이틀 연속 상한가를 기록하면 '따따상'이라고 부른다. 따상, 따따상은 공모주에 투자하는 사람들이 꿈꾸는 이상적인 주가 흐름이지만 첫날, 둘쨋날 아무리 많이 올라도 매도 시점을 잘 못 잡으면 공모주 투자는 실패로 돌아가기 쉽다.

하지만 따상, 따따상은 2023년 6월 역사 속으로 사라졌다. 한국거래소는 신규 상장종목의 신규상장일 가격제한폭을 공모가격 대비 60~400%로 확대했다. 기존에는 공모가의 90~200% 내에서 호가를 접수받아 상장일 시초가가 결정됐지만 이제는 공모가가 시초가로 바뀌었다. 공모가로 상장해 공모가의 60~400% 내에서 주가가 움직이는 구조다.

공모주 투자 시 매도 시점을 잡는 열쇠는 '의무보유확약(락업Lock-up)'에 있다. 의무보유확약은 기관 투자자와 외국인 투자자가 공모주를 배정받으면서 일정기간 주식을 팔지 않겠다고 하는 약속이다. 1개월, 3개월, 6개월, 1년 등 확약기간을 길게 할수록 통상 더 많은 주식을 배정받는다. 하지만 외국인의 경우 의무보유확약을 하지 않아도 IPO 흥행을 위해 적지 않은 물량을 배정하는 경우가 많다. 이 물량이 상장 초기에 수시로 대거 쏟아져 나와 주가에 부정적인 영향을 주기도 한다.

의무보유확약 기간 분산 이슈도 있다. 확약기간 3개월에 지나치게 많은 물량을 배정하게 되면 상장 후 3개월이 되는 시점에 매도 물량이 대량으로 쏟아지는 문제가 발생한다. 이런 걸 주식시장에서는 '오버행Overhang(대량 대기 물량)' 이슈라고 부른다. 오버행 이슈가 있는 주식은 하방 압력을 강하게 받는다. 따라서 금융당국에서는 기관에 대한 공모주 물량 배정 시 의무보유 확약기간 분산에 신경을 쓰고 있다.

증자와 감자

주식시장에 상장한 기업들은 하루에도 수많은 공시를 쏟아낸다. 그중에서도 투자자들이 가장 민감하게 받아들이는 공시가 바로 증자와 감자다. 증자는 기업의 자본금을 늘리는 조치다. 반대로 감자는 자본금을 줄인다. 자본금을 늘리고 줄이는 게 주식, 주가와 무슨 관계일까? 하나씩 꼼꼼하게 개념을 살펴보면 증자와 감자가 주가와 어떤 관계를 갖게 되는지 쉽게 이해할 수 있다.

증자와 감자에 대한 설명에 들어가기에 앞서 반드시 알아야 할 회계적 지식이 있다. 증자는 자본금을 늘리는 행위인데, 자본금은 '액면가×상장주식수'로 구해진다. 즉, 증자는 신주 발행으로 주식수가 늘어나 자본금이 증가하게 된다. 여기서 중요한 점은 자본금과 자본(자본총계, 자기자본)이 다르다는 것이다. 자본은 자본금 외에도 이익잉여금, 자본잉여금, 결손금, 자본조정 등으로 구성되는 넓은 개념이다.

자산 = 자본(자기자본) + 부채(타인자본)

자본(자기자본, 자본총계) =
자본금 + 이익잉여금 + 자본잉여금 + 결손금 + 자본조정

주식을 공짜로 나눠주는 무상증자

무상증자 공시가 뜨면 대체로 주식시장에서는 호재로 받아들인다. 회사가 주주들에게 주식을 공짜로 나눠줄 정도로 재무상태가 좋다는 뜻으로 받아들여지기 때문이다. 동시에 권리락으로 주가가 떨어지고 신주 발행으로 유통주식수는 늘어나 시장에서 투자자들의 거래가 이전보다 더 활발해질 수 있기 때문에 주가에 긍정적이라는 분석이 지배적이다.

무상증자는 자본 항목에 있는 잉여금 중 배당 재원으로 사용되는 이익잉여금이 아니라 유상증자 과정에서 발생하는 주식발행초과금을 주요 재원으로 하는 자본잉여금을 활용해 자본금과 주식수

무상증자의 특징

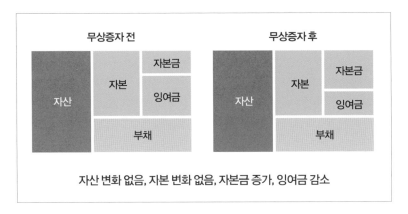

를 증가시킨다.

　흔히 '주발초'라고 불리는 주식발행초과금은 유상증자를 할 때 신주발행가격이 액면가보다 높을 때 발생한다. 대체로 액면가보다 높게 유상증자가 이뤄지기 때문에 유상증자 결과 액면가만큼은 자본금으로, 나머지는 주식발행초과금, 자본잉여금 항목으로 들어간다.

　쌓여 있는 주식발행초과금, 자본잉여금을 줄이고 자본금을 더 늘리기 위해 회사는 무상증자를 한다. 무상증자는 유상증자와 달리 외부 자금 유입이 없고 자본이나 자산도 변하지 않기 때문에 기업의 실질적 가치(시가총액)에도 변화가 없다. 시가총액에 변화가 없기 때문에 무상증자로 주식수가 늘어나면 그만큼 주가는 떨어지게 되는데 이를 '권리락'이라고 한다.

예를 들어, 자본 1,000만 원, 자본금 1,000만 원(액면가 1,000원×주식수 1만 주)인 기업이 있다고 해보자. 이 기업은 창업 초기라 잉여금과 부채가 없다. 그런데 몇 년 지나 잉여금이 5,000만 원 쌓여 자본이 6,000만 원으로 늘었다. 회사는 잉여금 중 1,000만 원을 자본금으로 옮기기 위해 무상증자를 실시했다. 무상증자 실시 전 이 기업의 시가총액은 6,000만 원(주가 6,000원×주식 수 1만 주)이었다.

A사의 무상증자 과정

창업 초기
자본 = 1,000만 원
자본금 = 1,000만 원(액면가 1,000원×주식 수 1만 주)

무상증자 전
자본 = 6,000만 원
자본금 = 1,000만 원
잉여금 = 5,000만 원
시가총액 = 6,000만 원(6,000원×1만 주)

무상증자 후
자본 = 6,000만 원
자본금 = 2,000만 원(액면가 1,000원×2만 주)
잉여금 = 4,000만 원
시가총액 = 6,000만 원(3,000원×2만 주)

무상증자를 하면 이 회사의 자본은 6,000만 원으로 동일하다. 하지만 자본금이 2,000만 원으로 1,000만 원 증가하고, 대신 잉여금이 4,000만 원으로 감소한다. 자본금 1,000만 원이 증가했는데 액면가가 1,000원이기 때문에 주식수가 1만 주 증가해 총 2만 주가 된다. 시가총액은 6,000만 원으로 동일하기 때문에 주가는 6,000원에서 3,000원으로 떨어져야 한다.

무상증자 과정에서 주가를 인위적으로 떨어뜨리는 걸 권리락이라고 한다. 권리락일에는 늘어난 주식수를 감안해 주가가 떨어지고(권리락 기준가, 권리락일 시초가) 동시에 이날 이후 주식을 아무리 많이 사도 무상증자 신주를 받을 권리가 사라진다는 의미도 담고 있다. 따라서 권리락일 전일까지 주식을 사면 무상 신주를 받을 수 있다.

권리락 기준가는 권리락 전날 시가총액을 기존 주식수와 신규 발행주식수로 나눠 산출한다. 주식수가 2배가 되면 권리락 기준가는 전날 종가의 1/2이 된다. 기업의 본질가치, 시가총액은 변함이 없는데 주가가 싸게 느껴지는 '착시효과' 때문에 일시적으로 권리락일에 주가가 급등하는 일도 종종 벌어진다.

권리락 예시

… 4월 3일	4월 4일	4월 5일	4월 6일	4월 7일	D+1 …
주식매수 시 무상신주 취득 가능			권리락	신주배정기준일	

악재일 수도 호재일 수도 있는 유상증자

　기업이 부채 상환, 설비자금 조달, 운전자금 조달, 재무구조 개선 등의 목적으로 신주를 발행해 새로운 자금 모집에 나서는 걸 유상증자라고 한다. 유상증자를 하면 신주를 인수한 기존 주주, 제3자 등으로부터 주식 인수 대금이 들어온다. 이 자금은 자본금과 자본잉여금(주식발행초과금) 항목으로 들어와 자본금과 자기자본(자본총계)을 늘려 회사의 자산을 커지게 만든다. 자본금이 늘어나 재무구조가 개선되고 자산이 커져 기업의 외형 확대로 이어진다.

　유상증자는 기업이 외부에서 자금(자본금)을 수혈받는 것이기 때문에 주식시장에서 기본적으로 악재라는 평가가 지배적이다. '회사가 얼마나 돈이 없으면 주주들이나 제3자에게 손을 내밀겠느냐'는

유상증자의 특징

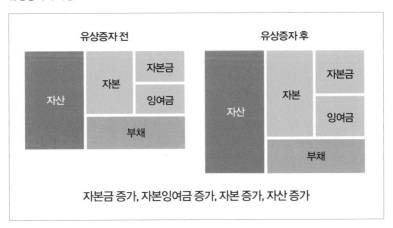

부정적인 평가가 뒤따른다. 또, 새로운 주식을 발행하기 때문에 기존 주주 입장에서는 지분가치(의결권)가 떨어진다.

하지만 모든 유상증자가 다 악재로 평가받는 건 아니다. 수주 물량이 많아 공장을 빨리 더 짓기 위해(공장증설) 하는 유상증자는 주식시장에서 대표적인 호재로 평가받는다. 보통 주가는 P(가격), Q(매출), C(비용)의 함수로 본다. 여기서 공장증설이나 신규 설비 투자를 위한 유상증자는 Q를 늘리는 가장 확실한 방법이기 때문에 주가 상승으로 이어질 가능성이 높다.

저명한 투자가, 세계적인 금융기관 등이 제3자 배정 유상증자에 참여하는 경우도 주식시장에서는 호재로 평가한다. 예를 들어, 워런 버핏이 제3자 배정 유상증자에 참여한 기업이라면 일반 투자자들의 강한 매수세가 유입되며 주가가 강세를 보일 가능성이 높다.

유상증자에는 크게 3가지 종류가 있다. 주주배정 유상증자, 일반공모 유상증자, 제3자 배정 유상증자 등이다. 모두 같은 유상증자지만 누구를 대상으로 신주를 발행하느냐, 누구에게 신주인수(청약) 우선권을 주느냐에 따라 차이가 발생한다.

한국예탁결제원 통계를 보면 2022년 유상증자 발행규모는 총 1,187건, 34조 998억 원에 달한다. 증시 부진으로 2021년보다 건수는 11.8%, 금액은 32.6% 감소했다. 건수 기준으로 가장 활발한 유상증자 방식은 제3자 배정 유상증자이며 944건으로 전체의 80%에 육박했다. 일반공모는 145건(12%), 주주배정은 98건(8%) 등이다.

유상증자의 3가지 유형

1. 주주배정증자방식: 주주에게 그가 가진 주식수에 따라서 신주를 배정하기 위해 신주인수 청약을 할 기회를 부여하는 방식

2. 제3자배정증자방식: 신기술의 도입, 재무구조의 개선 등 회사의 경영상 목적을 달성하기 위하여 필요한 경우 주주배정증자방식 외의 방법으로 특정한 자(해당 주권상장법인의 주식을 소유한 자 포함)에게 신주를 배정하기 위하여 신주인수의 청약을 할 기회를 부여하는 방식

3. 일반공모증자방식: 주주배정증자방식 외의 방법으로 불특정 다수인(해당 주권상장법인의 주식을 소유한 자 포함)에게 신주인수의 청약을 할 기회를 부여하고 이에 따라 청약을 한 자에 대해 신주를 배정하는 방식

자료: 자본시장과 금융투자업에 관한 법률 제165조의6 1항

하지만 증자금액으로 보면 일반공모가 14조 731억 원으로 전체의 41%를 차지했다. 제3자 배정은 10조 9,413억 원으로 32%, 주주배정은 9조 584억 원으로 26%로 나타났다. 제3자 배정 유상증자는 절반 이상이 비상장사에서 이뤄졌는데, 스타트업을 중심으로 제3자 배정 유상증자로 투자금을 유치하기 때문인 것으로 보인다.

주주배정 유상증자는 기존 주주들에게 신주인수권을 우선 부여하는 방식이다. 주주들은 신주 인수가격을 보고 신주를 인수할지 안 할지 선택할 수 있다. 주주들이 인수하지 않고 남은 신주는 실권주가 돼 일반공모로 주인을 찾게 된다.

유상증자 흐름

주주배정 방식은 주주에게 신주를 우선 인수할 수 있는 신주인수권을 주기 때문에 권리락도 존재한다. 신주배정 기준일이 2023년 4월 12일이라면 4월 11일(D-1 영업일)이 권리락일이다. 따라서 신주를 배정받을 신주인수권을 갖기 위해서는 4월 10일까지 주식을 보유해야만 한다.

권리락일에는 무상증자와 마찬가지로 유상증자 규모를 감안해

유상증자 시 권리락일 주가 변화

구분	주식수(주)	주가(원)	시가총액(원)
기존주식	1,000	1,000	1,000,000
신주	500	700	350,000
유상증자 후	1,500	900	1,350,000

거래소에서 주가를 인위적으로 떨어뜨린다. 유상증자 시 신주를 할인해서 발행하지 않는다면 권리락일 주가는 이전과 동일하다. 하지만 보통 신주는 20~30% 할인하기 때문에 유상증자 시 주식수가 늘어난 만큼 시가총액이 늘어나지는 않는다. 따라서 주가를 인위적으로 낮춰야 유상증자 후 시가총액과 일치시킬 수 있다. 유상증자 권리락일 기준가는 증자 후 시총을 증자 후 주식수로 나눠 산출한다.

아무런 보상 없는 무상감자

무상감자는 주식의 액면가 또는 주식수를 줄여 자본금을 감소시키지만 주주들에게 아무런 보상을 하지 않는 감자를 가리킨다. 중요한 건 무상감자 전후 회사의 자산(실질가치, 시가총액)은 변하지 않고 자본도 그대로인데 자본금이 줄고 대신 결손금이 줄거나 사라지게 된다는 점이다.

기업이 무상감자를 하는 가장 기본적인 이유는 자본잠식(자본<자본금) 상태에 빠지지 않기 위해서 또는 자본잠식 상태에서 벗어나기 위해서다. 자본잠식은 자본보다 자본금이 많은 상태를 말한다. 자본보다 자본금이 많다는 건 회사가 영업을 잘 못해서 결손금이 쌓인 경우가 대표적이다. 자본금은 그대로인데 결손금이 쌓이면 자본금에서 결손금을 뺀 자본은 줄어들게 된다. 만약 자본금만

무상감자의 특징

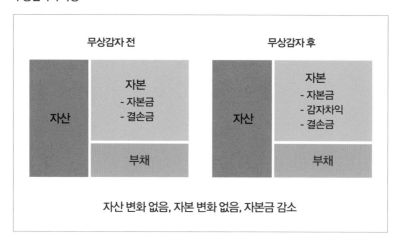

무상감자 전
자본
- 자본금
- 결손금

자산

부채

무상감자 후
자본
- 자본금
- 감자차익
- 결손금

자산

부채

자산 변화 없음, 자본 변화 없음, 자본금 감소

B사의 무상감자 과정

<u>창업초기</u>

자산 = 자본 = 자본금 = 1,000만 원(액면가 1,000원 × 주식 수 1만 주)

<u>무상감자 전</u>

자산 = 자본 = 자본금 1,000만 원 – 결손금 300만 원(주가 700원 × 주식수 1만주 = 시가총액 700만 원)

<u>무상감자 후</u>

자산 = 자본 = 자본금 500만 원 + 감자차익(자본잉여금) **500만 원 – 결손금 300만 원**(액면가 동일, 주식수 5,000주로 감소, 시가총액 700만 원으로 동일, 주가 1,400원으로 조정)

큼 결손금이 쌓이면 자본금에서 결손금을 뺀 금액이 0원으로 완전 자본잠식 상태에 빠지게 된다. 2년 연속 자본잠식률 50% 이상이면 상장폐지 사유가 되기 때문에 상장사들은 자본잠식률을 낮추거나 자본잠식 상태에서 벗어나기 위해 무상감자를 하는 경우가 대부분이다.

예를 들어, 자본금 1,000만 원인 기업 A가 있다고 하자. A사 주식의 액면가는 1,000원이고 주식수는 1만 주다. 처음엔 결손금도 없고 잉여금도 없고 부채도 없기 때문에 '자산=자본=자본금' 상태에 놓여 있었다. 하지만 A사는 영업을 잘 못해서 결손금이 300만 원 발생해 부분자본잠식(1,000만 원-700만 원/1,000만 원×100=30%) 상태에 빠졌다. 이때 A사의 주가도 빠져서 시가총액 700만 원이 됐다.

이에 A사는 2대 1 무상감자를 단행했다. 자본금을 절반으로 줄이는 대신 결손금을 없애고 부분자본잠식 상태에서 벗어나기 위한 조치다. 이 경우 자본금은 500만 원으로 감소한다. 액면가가 그대로이기 때문에 주식수도 5,000주로 줄게 된다. 줄어든 5,000주를 결손금 보전에 사용하는데, 이때 발생한 500만 원은 감자차익(자본잉여금)이라고 한다. 감자차익 500만 원에서 결손금 300만 원을 빼면 잉여금 200만 원이 발생한다. 무상감자 후 이 회사의 자본은 자본금 500만 원+잉여금 200만 원=700만 원으로 무상감자 전과 동일하다.

무상감자 전과 후 자산과 자본이 동일하기 때문에 A사의 실질가치는 변하지 않았다. 따라서 주식수는 줄었지만 시가총액은 그대로이기 때문에 무상감자 완료 후 변경상장을 할 때 기준이 되는 주가(평가가격)는 올라가게 된다. A사의 경우 주식수가 5,000주로 줄었지만 시가총액은 700만 원으로 변하지 않기 때문에 주가는 1,400원으로 조정된다.

하지만 1,400원은 변경상장일의 시초가와 다르다. 시초가가 되는 기준가는 1,400원에 대해 50~150% 범위에서 장 시작 전 30분간(오전 8시 30분~9시) 호가를 접수받아 결정된다. A사의 경우 시초가가 700~2,100원으로 정해질 수 있다.

무상감자는 기업의 재무상태가 취약하다는 증거로 주식시장에서는 악재로 평가받는다. 무상감자 결정 공시가 나면 보통 주가는 큰 폭으로 떨어지기 마련이다. 물론 재무구조 개선과 상장폐지 우려 종식 등으로 주가가 올라갈 수도 있지만 일반적으로는 악재라는 평가가 지배적이다.

주주친화적인 유상감자

유상감자는 기업이 자본의 효율성을 높이고 주주들에게 금전적으로 보상을 해주는 주주환원정책 일환으로 사용된다. 따라서 유상감자 공시가 뜨면 주식시장에서 호재로 인식해 주가가 올라가는 경향이 있다.

유상감자는 주식수를 줄여 자본금이 줄어드는 감자지만 줄어드

유상감자의 특징

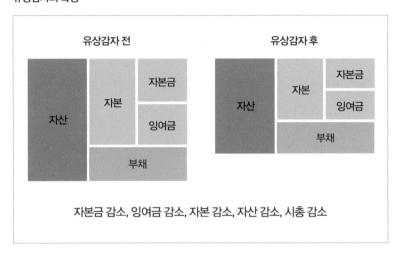

는 주식수만큼 주주들에게 보상을 하기 때문에 유상이라는 단어를 앞에 붙인다. 자본금이 줄어 자본도 감소하기 때문에 자본에 변화가 없는 무상증자와 대비해 실질적 감자라고 부른다.

유상감자는 잉여금이 넉넉한 기업에서 자본의 효율성을 높이고 주주환원을 하기 위해 이뤄진다고 했다. 자본 100원으로 100원의 이익을 내는 것과 1,000원으로 100원의 이익을 내는 것 중 자본의 효율성은 전자가 후자보다 10배 높다. 따라서 자본금을 줄이면 자본도 줄고 자본효율성은 올라간다.

자본금은 액면가×주식수로 정해진다. 액면가가 그대로인 상태에서 감자로 주식수가 줄면 자본금은 감소하게 된다. 줄어드는 주식수에 대해서 주주들에게 보상을 해주게 되는데, 보상은 통상 현

C사의 유상감자 과정

<u>창업 초기</u>

자산 = 자본 = 자본금 = 1,000만 원(액면가 1,000원 × 주식 수 1만 주)

<u>유상감자 전</u>

자산 = 자본 = 자본금 1,000만 원 + 잉여금 2,000만 원(주가 3,000원 × 주식 수 1만 주 = 시가총액 3,000만 원)

<u>유상감자 후</u> (2대 1 비율, 주당 유상소각금액 3,000원, 총보상액 3,000원×5,000주=1,500만 원)

자산 = 자본 = 자본금 500만 원 – 감자차손(자본조정) 1,000만 원 + 잉여금 2,000만 원 = 1,500만 원

※ 시가총액도 1,500만 원으로 감소. 1,500만 원 = 5,000주 × 3,000원.
   유상감자 후 주가 영향 없음.

재 주가에 프리미엄을 얹어서 해준다. 주가가 액면가보다 높은 상태에서 프리미엄까지 붙여 보상을 해주려면 자본금 감소분만으로는 부족하다. 이때 쌓여 있는 잉여금을 재원으로 활용할 수 있다. 자본금과 잉여금 일부를 떼서 주주들에게 현금으로 나눠주기 때문에 주주들은 주식수가 줄어든다고 불만을 갖지 않는다.

공개매수

공개매수는 경영권 분쟁 상황에서 주로 발생한다. A라는 주체가 B라는 상장사 주주들의 주식을 장외에서 매수하겠다고 신문, 공시 등의 방법을 통해 공개적으로 알린 뒤 주식을 사들여 경영권을 확보하는 방식이다.

내가 삼성전자 주식을 사고 싶다고 아무 때나 공개매수하겠다고 나설 수 있는 게 아니다. 돈도 있어야 하고 자격도 갖춰야 한다. 공개매수를 하려면 우선 공개매수 대상 상장사의 주식을 5% 이상 보유하고 있어야 한다. 또는 공개매수하는 물량이 5% 이상 돼야 한다. 그리고 공개매수 공시 후 6개월 이내에 장외에서 10명 이상의 주주들로부터 주식을 매수해야 한다.

공개매수가격이 핵심

공개매수에서 일반 소액 투자자들에게 가장 중요한 건 가격(공개매수가)이다. 현재 주가가 1만 원인데 공개매수가가 2만 원이라면 소액 주주 입장에서는 공개매수에 응하는 게 유리할 수 있다. 하지만 회사의 성장성 등을 감안할 때 앞으로 주가가 2만 원을 훨씬 넘을 것으로 예상되면 공개매수에 응하지 않는 투자자가 많을 것이다. 적정 공개매수가라는 게 따로 있는 게 아니라 전적으로 시장에서 결정되기 때문에 공개매수 공시 이후 주가 흐름을 봐가면서 공개매수에 응할지 말지 결정하면 된다.

2023년 초 진행된 오스템임플란트 공개매수 사례를 보자. 오스템임플란트에 대한 1차 공개매수 공시는 설 연휴 직후인 2023년 1월 25일에 있었다. 설 연휴 전인 1월 20일 오스템임플란트 종가는 16만 2,500원이었고, 공개매수가는 19만 원으로 책정됐다. 그러자 1월 25일 당일 오스템임플란트 주가는 19만 원에 근접한 18만

자료: 매일경제신문

6,300원까지 뛰었다. 공개매수는 2월 24일까지 진행됐는데 2월 24일 종가는 17만 6,300원이었다.

결국 공개매수가가 더 높았기 때문에 공개매수를 제안한 측이 예상한 최대물량인 1,117만 주의 85%인 952만 주를 매수하며 성공했다. 공개매수 희망자인 덴티스트리인베스트먼트는 2023년 3월 23일 2차 공개매수 공시를 했다. 자발적 상장폐지(자진상폐)를 하기 위해 나머지 소액주주들의 주식도 모두 사들이기로 했다. 공개매수가는 1차와 마찬가지로 19만 원으로 책정됐다.

오스템임플란트 사례에서 보듯이 소액주주들의 주식을 모두 사들여 상장폐지를 하려는 공개매수도 있다. 대주주가 지분을 거의 다 들고 있는 상황에서는 상장의 실익이 없기 때문이다. 이때 공개매수에 응하지 않은 주주들은 상장폐지 이후 장외에서 오스템임플란트 주식을 매도해야 하기 때문에 상장돼 있을 때보다 거래가 쉽지 않을 수 있다. 다만, 공개매수하는 쪽에서 일정 기간을 정해 상장폐지 이후에도 공개매수가로 장외주식을 사주는 경우도 있기 때문에 상장폐지가 된다고 너무 놀라거나 무서워할 일은 아니다. 자진상폐 신청을 위해 최대주주가 확보해야 하는 최소 지분은 95%(유가증권시장)이다. 코스닥시장은 별도 규정은 없는데 90%를 넘겨야 하는 것으로 알려졌다.

공개매수가가 중요한 건 에스엠SM엔터테인먼트 사례에서도 그대로 드러난다. 2023년 2월 10일 하이브는 에스엠 주식 595만 주를 주당 12만 원에 공개매수한다고 공시했다. 기한은 2월 10일부터 3

월 1일(3월 1일이 공휴일이기 때문에 2월 28일 마감)까지였다. 2월 9일 에스엠 종가는 9만 8,500원이었기 때문에 12만 원이면 충분하다고 판단했던 것으로 보인다. 당시 하이브는 최대주주인 이수만 전 총괄 프로듀서의 지분도 12만 원에 매수한다고 밝혔다. 경영권 프리미엄까지 반영한 공개매수가라는 뜻이다.

하지만 에스엠의 주가는 2월 15일 12만 원을 돌파했고 2월 16~17일에는 13만 원도 넘어서는 등 초강세를 보였다. 공개매수 마감일 하루 전인 2월 27일 종가도 12만 300원으로 공개매수가인 12만 원보다 높았다. 결국 공개매수에 응한 소액투자자는 23만 3,817주로 목표였던 595만 1,826주의 3.9%를 확보하는 데 그쳤다. 지분 25%를 더 사들이려고 했지만 0.99%를 추가로 확보하면서 하이브의 에스엠 공개매수는 실패로 돌아갔다.

공개매수 양도세 22%

공개매수에서 중요한 또 하나는 세금이다. 우선 공개매수에 응하게 되면 증권거래세가 매수대금의 0.35% 원천징수된다. 장내매도 시 0.20%보다 높다. 국내주식의 경우 대주주(한 종목을 10억 원 이상 보유한 경우)가 아니라면 장내매도 시 양도차익은 비과세되지만 공개매수는 장외거래로 250만 원 공제 후 22%의 양도소득세율이 적용된다. 양도소득세율이 다소 높다고 느껴질 수 있는 대목이다.

양도소득세를 아끼는 방법은 공개매수가에 주가가 근접한 경우 장내에서 매도하는 것이다. 이는 주가가 공개매수가 이상 오르지 않을 것이라는 예측, 전망을 전제로 한다. 공개매수가가 적정하다고 판단했다면 주가가 공개매수가보다 근소한 차이로 낮게 형성됐을 때 매도하는 게 유리하다.

오스템임플란트 주식 1,000주를 15만 원에 매수해서 보유하고 있는 K씨 사례를 살펴보자. 공개매수가는 19만 원, 현재 장내 매매 호가는 18만 5,000원이다. 장내 매도 시 18만 5,000원×1,000주에 대해 거래세 0.20%(37만 원)가 부과된다. 양도차익인 (18만 5,000원-15만 원)×1,000주=3,500만 원에 대해서는 세금이 없다. 따라서 K씨 수익은 3,463만 원이다.

공개매수에 응한 경우 우선 거래세가 19만 원×1,000주× 0.35%로 66만 5,000원 나온다. 여기에 양도차익 (19만 원-15만 원)×

장내매도 VS 공개매수 청약

구분	매도가	매매차익	증권거래세	양도소득세	총수익
장내 매도	18만 5,000원	3,500 만 원	18만 5,000원× 1,000주×0.20% =37만 원	0원	3,500만 원-37만 원 =**3,463만 원**
공개 매수 청약	19만 원	4,000 만 원	19만 원× 1,000주×0.35% =66만 5,000원	(4만 원×1,000주 -250만 원)×22% =825만 원	4,000만 원 -66만 5,000원 -825만 원 =**3,108만 5,000원**

※ 오스템임플란트 공개매수 사례 응용, K씨 15만 원 1,000주 보유 중

1,000주＝4,000만 원에 대해 250만 원 공제 후 22%의 양도소득세 825만 원이 부과된다. 따라서 총 수익은 4,000만 원－66만 5,000원－825만 원＝3,108만 5,000원이 된다. 공개매수가가 5,000원 더 높지만 시장에서 매도하는 게 훨씬 유리하다는 계산이 나온다.

의무공개매수제도 도입?

기업 인수합병M&A 과정, 경영권 분쟁 과정에서 현재 공개매수는 의무가 아니다. 공개매수는 필연적으로 소액주주들에게 대주주만큼의 경영권 프리미엄을 인정해줄 수밖에 없는데 이 경우 인수하려는 쪽의 자금 부담이 커지기 문제가 있다.

그럼에도 유럽연합EU, 영국, 독일, 일본 등 주요국에서는 의무공개매수제도Mandatory Tender Offer를 도입해 운영하고 있다. 이는 M&A 과정에서 일반주주들을 두텁게 보호하기 위함이다. 미국은 의무공개매수제도를 도입하고 있진 않지만 주주들이 M&A 과정에서 이익을 침해당한 경우 소송으로 대응한다.

의무공개매수제도란 상장사의 지배권을 확보할 정도의 주식을 취득하는 경우 주식의 일정 비율 이상을 의무적으로 공개매수하도록 강제하는 제도다. 이 제도가 도입되면 지배주주가 바뀌는 M&A 과정에서 반대하는 주주들에게도 자신이 보유한 주식을 새로운 지배주주에게 매각할 수 있는 기회가 보장된다.

금융위원회 의무공개매수제도 도입 방향

구분	내용
대상기업	상장사
적용요건	주식의 25% 이상 보유한 최대주주가 되는 경우
매수가격	지배주주와 동일한 가격(경영권 프리미엄 포함)
매수물량	50%+1주(경영권 변경 지분 포함)
기대효과	일반주주도 지배주주와 마찬가지로 경영권 프리미엄 공유 약탈적 기업인수 방지
부작용	M&A 시장 위축 가능성

여기서 중요한 건 역시 가격과 조건, 수량이다. 의무공개매수제도 도입 취지는 상법상 대원칙인 '주주평등의 원칙'을 실현하기 위해서다. 지배주주의 1주나 일반 투자자의 1주나 동일한 가치를 부여해야 한다는 뜻이다. 따라서 M&A 과정에서 지배주주의 주식은 경영권 프리미엄을 주고 비싸게 매수하지만 일반 소액 투자자들은 구경만 할 수밖에 없던 상황이 의무공개매수제도가 도입되면 사라지게 된다. 즉, 의무공개매수제도 도입 시 매수가격은 경영권 프리미엄을 인정받은 지배주주와 동일한 가격으로 책정된다.

조건은 25%가 기준이다. 경영권 확보를 위해 피인수기업 주식 25% 이상을 취득해 최대주주가 되는 경우에만 적용된다. 최대주주로부터 지분 20%만 취득하는 경우에는 해당되지 않는다. 또 2대주주로부터 지분 30%를 취득해도 해당되지 않는다. 이렇게 조건을 정한 이유는 지나치게 조건을 낮게 설정할 경우 M&A 시장 자체가 죽을 수 있기 때문이다.

의무공개매수 조건을 충족한 경우 소액주주들의 주식도 지배주주와 동일한 가격이 사들여야 하는데, 총 물량은 50% + 1주 이상이다. 즉, 최대주주로부터 30%를 이미 사들였다면 20% + 1주 이상 의무공개매수 대상이 된다. 일반주주가 보유한 지분을 전부 다 인수하게끔 강제하면 기업 인수 대금이 지나치게 늘어나고 결국 M&A 시장이 위축되는 결과로 이어질 수 있다.

3부

부동산 인사이트

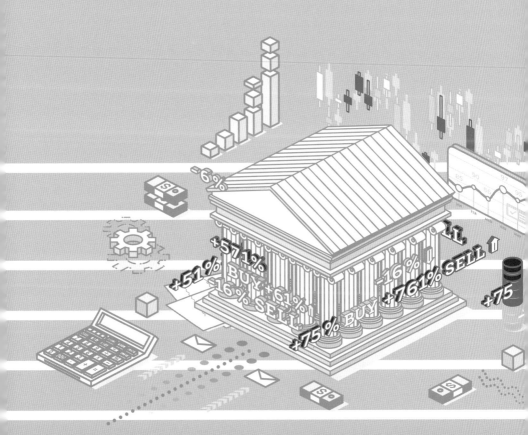

한국 주택시장
사다리 걷어차기

정치, 경제, 사회 각 분야에서 '사다리 걷어차기' 행태는 사라져야 마땅하다. 기회는 모든 사람들에게 똑같이 주어져야 한다. 평등권의 기본이다. 누군가 위에서 사다리를 걷어 차버리지 못하게끔 규제가 필요하다. 물론 옆에서도 못 걷어차도록 단속해야 한다. 공정한 시장, 이상적인 시장의 모습이다.

하지만 현실은 그렇지 않다. 의도적으로 혹은 의도하지 않게 남들 사다리를 위에서 옆에서 걷어차는 사람들이 있다. 주식, 부동산 등 큰돈이 오고가는 투자의 영역에서 사다리 걷어차기 행위는 누군가, 불특정 다수가 돈을 벌 수 있는 기회를 박탈한다. 손실을 눈덩이처럼 불어나게 만들 수도 있다.

한국 부동산 시장에도 사다리 걷어차기 선수들이 많다. 아파트로 대표되는 주택에 국한해본다면 '집 사지 마라', '집 값 폭락한다', '전세는 끝났다' 등 집 없는 사람들의 공포를 자극하는 진짜 혹은 가짜 전문가가 넘쳐난다. 이들은 주택, 아파트를 재산 증식 수단으로 인정하지 않는다. 부자들은 부동산을 가장 중요한 재산 증식 수단으로 삼고 실행하고 있는데 집 없는 사람들에겐 '집 값 더 떨어지니까 집 사지 말고, 전세도 살지 말고, 월세나 살라'고 조언한다.

2023년 4월 하나금융연구소가 펴낸 '2023 대한민국 웰스 리포트'를 보면 부동산 투자가 부자들만의 전유물이 되고 있다는 생각을 지울 수 없다. 누군가 던진 '부동산 폭망'이라는 돌에 부자들은 꿈쩍도 하지 않는데 평범한 시민들만 도망치고 있는 형국이다. 이 보고서에 따르면 부자들 중 79%는 2023년 실물 경기가 좋지 않을 것으로 봤고, 부동산 경기를 부정적으로 본 비율도 84%에 달한다. 그럼에도 불구하고 부자들은 향후 투자 의향이 높은 자산 1순위로 부동산을 꼽았다. 부자들이 자산 확대에 가장 크게 기여했다고 꼽은 부동산 유형은 중소형 아파트(40평형 미만, 29%)로 나타났다.

부자의 자산 확대에 가장 크게 기여한 부동산 유형

28.9%
중소형아파트
(40평형 미만)

25%
대형아파트
(40평형 이상)

10.7%
토지

10%
빌딩
(50억 원 초과)

10.7%
매도 경험 없음

자료: 하나금융경영연구소

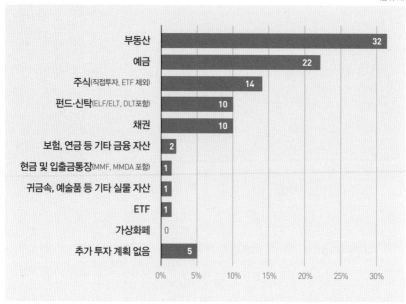

향후 투자 의향이 높은 자산 1순위

(단위 : %)

자산	%
부동산	32
예금	22
주식(직접투자, ETF 제외)	14
펀드·신탁(ELF/ELT, DLT포함)	10
채권	10
보험, 연금 등 기타 금융 자산	2
현금 및 입출금통장(MMF, MMDA 포함)	1
귀금속, 예술품 등 기타 실물 자산	1
ETF	1
가상화폐	0
추가 투자 계획 없음	5

자료 : 하나금융경영연구소 '2023 대한민국 웰스 리포트'

이런 사람들의 또 다른 특징 중 하나가 대출을 극혐한다는 점이
다. 이들은 '빚 내서 집 사지 말라'는 경고 문구를 금과옥조로 여긴
다. 대출규제는 자연스럽다. 명분은 가계부채 폭탄이다. 같은 시나
리오는 수십 년째 반복되고 있다. 가계부채는 수십 년째 우리 경제
를 뒤흔드는 뇌관인데 과연 우리 살아 있는 동안에 터지긴 터지는
지 알 수 없다. 터무니없는 주장이다. 대출 없이 10억 원 넘는 아파
트를 살 수 있는 사람이 과연 얼마나 될까. 집값 폭락론자들은 당
연히 '영끌족'을 비난한다. 2022년부터 시작된 집값 하락과 금리 상

승으로 영끌족은 곧 망해도 이상하지 않은 존재가 됐다. 과연 이들의 간절한 바람처럼 영끌족은 다 망했을까?

가계부채 때문에 우리나라 경제가 심각한 위기에 처한다면 덴마크, 노르웨이, 네덜란드, 호주 등 가처분소득 대비 가계부채비

OECD 주요국 가처분소득 대비 가계부채 비율

단위: %

	2020	2021	2022
헝가리	44.8	45.2	41.1
이탈리아	90.6	89.9	87.6
미국	100.4	101.8	-
일본	115.6	122.1	-
스페인	102.7	100.3	96.2
프랑스	126	127.6	126.1
핀란드	154.2	155.3	149.6
영국	153.6	150.6	146.2
캐나다	178.9	185.2	187.2
한국	197.8	209.8	203.7
스웨덴	200.1	201.8	196
호주	204.5	210.9	-
노르웨이	250	246.8	-
네덜란드	224.9	222.1	210.8
덴마크	256.9	250.7	208

※ 가처분소득 대비 가계부채 비율 = (가구부채총액 ÷ 가구순가처분소득) × 100

율이 200%가 넘는 선진국은 이미 국가 경제가 파탄 날 지경에 이르렀어야 옳다. 하지만 그런 뉴스는 들리지 않는다. 미국에서 집을 살 때 대출 없이 현금으로만 사는 경우는 거의 보지 못했다. 보통 다운페이먼트(주택 구매 시 대출을 뺀 현금 지급액)는 20% 수준이다. 나머지 80%는 대출이다. 30년 이상 장기 주택담보대출을 받아 평생 갚는다. 아메리칸 드림의 핵심은 미국 땅에 내 집을 마련하는 일이다. 한국 사람에게 한국 땅에서조차 집 사지 말라는 말은 내 집을 마련하는 꿈을 꺾는 정말 나쁜 행위다.

내 집 마련은 투기가 아니다

집, 주택, 주거는 사실 거의 같은 말이다. 우리나라 사람들은 60~70%가 아파트에 살기 때문에 '집=주택=주거=아파트'를 같이 써도 뭐라고 하기 어렵다. 아파트로 대표되는 집은 먹고 자는 거주공간일 뿐일까? 거주공간 그 이상 이하도 아니고, 아니여야 한다고 주장하는 사람들이 많지만 억지 주장일 뿐이다. '나 때는 아파트로 재산을 불렸지만 지금은 그래서는 안 된다'고 말하는 것 자체가 난센스다. 여전히 아파트는 중요한 재산 증식 수단이다. 아파트 한 채 잘 사서 몇 번 이사해 어느 정도 안정적인 부를 축적한 사람이 있다면 투기꾼으로 볼 게 아니라 재테크를 잘 한 사람으로 평가해야 마땅하다.

앞서 살펴본 하나금융경영연구소 보고서에 따르면 부자들의 29%는 40평형 미만의 중소형 아파트가 자산 확대에 가장 큰 기여를 했다고 답했다. 25%는 40평형 이상 대형 아파트라고 답했다. 부자의 절반 이상이 아파트가 부를 축적하는 데 가장 큰 도움이 됐다고 응답했다는 뜻이다. 부자들은 아파트로 대표되는 부동산으로 부를 축적해왔고 지금도 그 방법을 유지하고 있다.

부자들은 아파트를 사고팔아서 더 많은 부를 축적하고 있는데 서민들은 그렇게 하면 안 된다는 논리에는 근거가 전혀 없다. 현금이 부족해 대출을 받아 집 한 채 사려는 사람들, 처음 구매한 집을 발판으로 자산을 늘려가려는 사람들을 투기꾼으로 내모는 순간 미래 세대가 재산을 증식할 수 있는 수단은 주식과 코인(가상자산) 밖에 남지 않는다. 실체도 없는 코인에 투자하면 시대를 앞서가는 사람이고, 부동산은 먹고 자는 공간일 뿐인데 대출 받아서 투자하면 비윤리적이고 부도덕한 사람이라고 낙인찍는 행태는 모순이다.

대출 규제는 서민들의 내 집 마련 꿈을 가로막는 대표적인 사다리 걷어차기다. 주택시장 과열을 막기 위해 정부는 2016년 8월부터 분양가격이 9억 원이 넘는 아파트에 대한 중도금 대출을 금지했다. 그러다 주택시장이 얼어붙기 시작하자 2022년 11월 중도금 대출이 가능한 분양가 상한선을 12억 원으로 늘렸다. 그리고 2023년 3월 20일부터 분양가 상한선을 아예 없애 버렸다. 분양가가 얼마든 중도금 대출을 받을 수 있게끔 규제를 철폐했다. 부동산 시장 과열과 침체에 따라 정부 규제는 강해졌다 약해졌다 하기 때문에 당연하고 합당한 조치다.

　그럼에도 2016년 8월 분양가 9억 원이 넘는 아파트 중도금 대출을 막은 정부의 조치는 지나쳤다. 현금 9억 원 이상 있는 사람들만 새 아파트 분양을 받아서 살라는 뜻이기 때문이다. 현금 9억 원 이상 보유하고 있는 사람이라면 충분히 대출 없이 집을 살 수 있는 부자일 것으로 추정된다. 서민들은 현금이 넉넉하지 않기 때문에 대출을 받아서 집을 산다. 이 조치는 현금 부자들만 더 많은 집을 살 수 있도록 했다는 비판을 받는다. 이 같은 대출 규제에도 2021년까지 집값은 천정부지로 치솟았다. 현금 부자들만 새 아파트 투자로 큰돈을 벌 수 있는 결정적 기간이었다. KB부동산 통계에 따르면 2016년 8월 5억 1,000만 원이던 서울 중소형 아파트(전용면적 60㎡ 초과~85㎡ 이하) 평균 매매가격은 2023년 5월 11억 3,000만 원까지 올랐다. 그나마 2022년 말부터 조정을 받아 1억 원 가까이 내린 가격이다.

다주택자의 이중적 지위를 인정하자

　한국 부동산 시장에서 만연한 또 하나의 대표적인 잘못은 다주택자를 투기꾼, 투기세력으로 몰아붙이는 일이다. 결론부터 얘기하자면 다주택자를 투기꾼, 투기세력으로만 몰아버리는 순간 전세든 월세든 공공이 아닌 민간에서 임대하는 주택은 씨가 마르고 결국 부담은 고스란히 내 집 한 채 가지지 못한 사람들에게 돌아가게 된다.

물론 다주택자 중에는 투기꾼, 투기세력이 상당수 있을 것으로 추정된다. 어디까지 투자이고, 어디부터 투기인지 딱 잘라 말하기 어렵다. 집 3채를 갖고 있으면 투자고, 4채부터 투기일까? 10채를 갖고 있지만 20~30년 동안 매매하지 않고 임대를 주고 있으면 투자일까? 투기일까? 투자와 투기를 구분하기 위해서는 주택 보유수뿐만 아니라 보유자의 직업, 소득 수준, 보유 목적, 보유 기간, 대출 현황 등을 종합적으로 살펴봐야 한다.

예를 들어, 본업이 공직자인 A씨가 대출 10억 원을 받아 아파트 3채를 매수해 임대를 주다가 2년 만에 수 억 원의 시세차익을 거두고 2채를 차례를 처분했다고 가정해보자. A씨의 행위는 투자라기보다는 투기에 가깝다. 반면, 연봉 1억 원인 회사원 B씨는 대출 3억 원을 받아 오피스텔 2채를 매수해 월세를 받고 있다. 매달 나가는 대출 원리금은 100만 원이지만 월세 수입은 300만 원이다. B씨는 오피스텔 시세차익보다 10~20년 꾸준히 월세 수입을 얻고자 한다. 이런 B씨의 행위를 과연 투기라고 볼 수 있을까?

국가나 지방자치단체가 누구나 살고 싶어 하는 지역에 우수한 품질의 아파트를 공공임대로 적당히 공급한다면 민간의 다주택자들이 설 자리는 사실 많지 않다. 본업이 임대주택사업자도 아닌 사람이 여러 채의 주택을 보유하는 것 자체가 큰 리스크가 될 수도 있다. 하지만 현실은 공공임대의 공급과 품질 등에 한계가 분명히 있다는 점이다. 어쩔 수 없이 민간의 임대주택 공급에 어느 정도 기댈 수밖에 없다. 박근혜정부에서 나왔던 '뉴스테이'는 공공임대가 가진 한계를 인정하고 건설사 등 민간에 적정한 이윤을 보장해 주면서 양질의 임대주택을 공급하려는 시도였다.

다주택자에게 세금을 더 많이 걷고, 대출을 제한하는 정책은 물론 필요하다. 다주택자는 임대주택 공급자라는 지위도 있지만 시장에 초과수요, 거품을 만들고 본인이 직접 투기를 하지 않더라도 시장 투기 심리를 자극하는 등 투기로 연결될 수 있는 지위도 동시에 갖기 때문이다. 하지만 정도가 지나치면 선의의 다주택자까지 피해를 입고 결국 피해는 민간에서 임대주택을 찾는 서민들에게 돌아가기 때문에 정교한 정책 설계가 필요하다.

인구와 부동산,
일본처럼 폭락할까?

인구와 부동산은 전문가들이 가장 많이 다루는 주제 중 하나다. 대체로 한국 부동산 폭락론의 근거로 활용된다. 고령화와 인구 감소로 전국에 빈집이 수두룩한 일본처럼 우리나라도 곧 그렇게 될 것이라는 논리다. 지방은 말할 것도 없고 일본 도쿄도 중심가만 제외하면 외곽으로 갈수록 빈집이 많고 집값도 크게 하락했다는 얘기도 들린다. 과연 우리나라 집값이 저출산, 고령화, 인구감소 등으로 장기간 크게 떨어질까?

세계적인 저출산, 고령화, 인구감소

우리나라 저출산 문제는 어제 오늘 일이 아니다. 정부에서 수많은 대책을 내고 천문학적 예산을 쏟아부어 출산율을 높이려고 해왔지만 무용지물이다. 통계청에 따르면 여성 1명이 평생 낳을 것으로 추정되는 출생아수는 2023년 기준으로 평균 0.72명(합계출산율)에 불과하다. 합계출산율은 2017년까지만 해도 1명을 넘었지만 2018년 0.98명으로 떨어진 후 해마다 사상 최저치를 경신하고 있다. 2020년 경제협력개발기구OECD 38개국 합계출산율 통계를 비교해봐도 한국은 0.84명으로 당당히 꼴찌를 기록했다. OECD 평균은 1.59명이다. 항상 비교되는 일본만 봐도 1.33명이나 된다.

출산율이 떨어지다 보니 2020년부터 인구 자연감소도 본격화됐다. 자연감소는 출생아수보다 사망자수가 많다는 뜻이다. 우리

우리나라 인구 자연증감

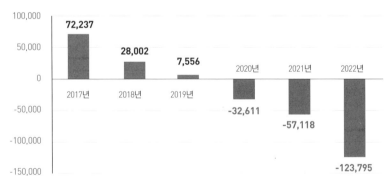

자료: 통계청

나라 인구는 2017년만 해도 7만 2,237명 자연증가했다. 2018년 2만 8,002명, 2019년 7,566명 각각 자연증가했다. 하지만 2020년 3만 2,611명 자연감소로 돌아섰다. 2021년에는 자연감소 규모가 5만 7,118명으로 증가했다. 2022년 잠정 자연감소 규모는 12만 3,795명에 달한다. 1년 사이 자연감소가 2배 이상 급증했다는 뜻이다.

인구 감소는 단순히 부동산 가격 하락에만 영향을 주지 않는다. 경제성장, 국력 등과 직결된다. 학자들마다 견해가 갈리지만 미국과 중국의 국력을 비교할 때 장기적으로 미국이 패권경쟁에서 중국을 누를 수 있다고 보는 결정적인 근거로 미국은 인구가 장기적으로 증가하지만 중국은 감소한다는 점이다. 실제로 합계출산율이 1.64명에 달하는 미국은 적어도 2070년까지는 인구가 계속 증가할 전망이다. 2022년 대비 2070년 인구는 14.3% 증가가 예상된다. 반면, 중국은 2021년 인구 정점을 지나 2070년에는 2022년 대비 23.9% 인구 감소가 예상된다. 실제로 중국 국가통계국은 자국 인구가 2022년 말 기준 14억 1,175만 명으로, 2021년 말 14억 1,260만 명보다 85만 명 줄었다고 발표했다. 우리나라의 경우 2022년 대비 2070년 인구는 27.1% 감소할 전망이다. 2009년 인구 정점을 지난 일본은 28.1% 감소할 것으로 예상된다.

우리나라의 고령화 속도는 눈부시다. 총 인구에서 65세 이상 인구가 차지하는 비중은 1970년 3.1%에서 2022년 17.5%로 6배 가까이 증가했고 이 비중은 2070년 인구의 절반에 가까운 46.4%까지 늘어날 전망이다. 전 세계 인구 중 고령인구 비중이 2022년

9.8%에서 2070년 20.1%로 늘어나는 것과 비교해 우리나라의 고령화 속도가 굉장히 빠르다는 사실을 알 수 있다. 우리나라는 2025년 65세 이상 고령인구 비중이 20%가 넘는 초고령화 사회로 진입할 것으로 보인다. 고령화 사회에서 초고령화 사회로 가는데 우리나라는 불과 7년밖에 걸리지 않

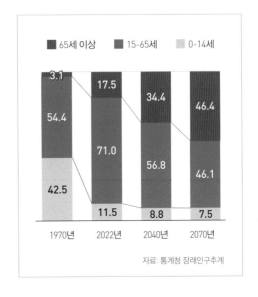

한국의 고령인구(65세 이상) 비중

■ 65세 이상 ■ 15-65세 □ 0-14세

1970년: 3.1 / 54.4 / 42.5
2022년: 17.5 / 71.0 / 11.5
2040년: 34.4 / 56.8 / 8.8
2070년: 46.4 / 46.1 / 7.5

자료: 통계청 장래인구추계

는다. 일본 10년, 미국 15년, 프랑스 39년, 영국 50년 등과 비교할 때 우리나라가 얼마나 빨리 늙어 가는지 알 수 있다.

1인 가구와 가구수 증가하는데…

저출산, 인구감소, 고령화는 집값 상승을 막고 집값 하락을 부추긴다. 그런데 주택은 가구(세대) 단위로 매매, 임대차 계약이 이뤄진다. 총 인구수도 중요하지만 가구수도 중요하다. 인구가 줄고 가구수도 줄면 주택가격은 하락할 수밖에 없다. 반대로 인구가 늘어

나고 가구수도 동시에 늘어나면 주택가격은 상승한다. 앞으로 집값이 오를지 내릴지를 두고 논란이 많은 이유는 인구는 2020년부터 분명히 줄어드는데 전국의 가구수는 2039년까지 증가하기 때문이다. 서울은 2029년까지 가구수 증가가 예상된다.

가구수가 서울 2029년, 전국 2039년까지 증가하는 결정적 이유는 1인 가구가 계속 늘어나기 때문이다. 통계청에 따르면 2005년 전체 가구 중 1인 가구 비중은 20%로 317만 가구였지만 2020년 31.7%, 664만 가구로 급증했다. 1인 가구 비중은 2050년에는 39.6%까지 증가할 것으로 예상된다. 1인 가구수는 2045년 915만 가구로 정점을 찍을 것으로 통계청은 내다봤다.

1인 가구가 늘어나 가구수가 증가한다고 무조건 주택시장에 좋다고 볼 수는 없다. 주택 구매력이 부족하거나 주택 소유에 대한 의지가 약할 것으로 보이는 70세 이상 1인 가구가 전체 1인 가구 중 상당 부분을 차지하기 때문이다. 70세 이상 1인 가구 비중은 2005년 17.3%에서 2020년 18.1%로 크게 증가하지 않았지만 2030년 25.5%, 2040년 35.1%, 2050년 42.9% 등으로 빠르게 늘어날 전망이다.

'70세 이상은 자기 집에 살지 않을 것'이라는 가정은 그러나 현재 나타나고 있는 현상과는 다소 거리가 있다. 통계청의 1인 가구 통계 자료를 보면 70세 이상 1인 가구의 자가점유율(자가주택에 거주하는 비율)은 64.5%에 달해 전 연령대 중 가장 높다. 60대 1인 가구의 자가점유율도 49.3%로 뒤를 이었다. 반면 30대 1인 가구의 자가

연령대별 1인 가구 추이

단위: 천 가구, %

	전체 가구	1인 가구	비중	연령대별 1인 가구 구성비						
				소계	29세 이하	30~39세	40~49세	50~59세	60~69세	70세 이상
2005	15,887	3,171	20	100	22.8	19.9	15	11.5	13.6	17.3
2010	17,339	4,142	23.9	100	19.6	19.1	15.2	14.3	12.7	19.2
2015	19,111	5,203	27.2	100	18.2	18.3	16.3	16.9	12.8	17.5
2020	20,927	6,643	31.7	100	20.2	16.8	13.6	15.6	15.6	18.1
2025	22,309	7,653	34.3	100	17.5	17.2	12.2	15	17.4	20.7
2030	23,180	8,255	35.6	100	14	17.4	11.1	14.1	17.9	25.5
2035	23,709	8,719	36.8	100	12.6	14.9	10.8	13.1	18.1	30.5
2040	23,866	9,055	37.9	100	11.4	12.7	11.3	12.2	17.3	35.1
2045	23,572	9,156	38.8	100	8.8	12.6	10.1	12.2	16.6	39.7
2050	22,849	9,054	39.6	100	7.5	11.5	8.9	13.3	16	42.9

자료: 통계청 '2022 통계로 보는 1인 가구'(2022년 12월 7일)

점유율은 20.0%에 불과하다. 30대 1인 가구 중에서는 월세 비중이 64.1%로 가장 높았다. 고령의 1인 가구수 증가는 주택수요를 위축시키는 요인이 되지 않을 수도 있다는 강력한 증거가 된다. 자가주택에 거주해야 노후 주거비 부담을 줄일 수 있기 때문인 것으로 보인다.

1인 가구 연령별 점유형태(2020)

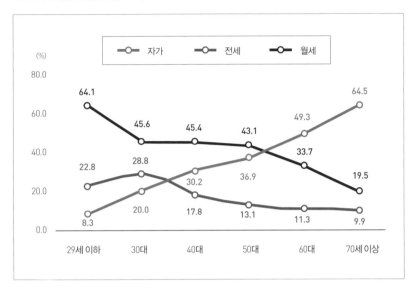

자료: 통계청 '2022 통계로 보는 1인 가구'(2022년 12월 7일)

결론은 일본식 붕괴?

일본식 부동산 붕괴론이 유행이다. 근거는 앞서 살펴본 초고속도로 진행되고 있는 저출산과 고령화다. 인구 감소는 결정타다. 1인 가구 증가로 가구수가 늘어도 부동산 가격 거품은 꺼질 수밖에 없다는 주장이 많다.

우선 1990~2010년까지 진행된 일본 부동산 거품 붕괴가 저출산, 고령화, 인구감소 때문이라는 주장은 사실과 다르다. 국제결제

은행의 일본 주택가격지수 통계를 보면 1991년까지 가파르게 오르던 일본 주택가격은 2010년 바닥을 찍고 최근 몇 동안은 안정적으로 우상향하는 모습을 보인다. 저출산, 고령화, 인구감소는 2010년까지만 있다가 갑자기 사라지지 않았다. 더욱이 일본의 합계출산율은 1.33명으로 OECD 평균에는 못 미치지만 그래도 0점대의 한국보다 훨씬 양호한 수준이다.

1990년대 이후 20년간 일본 부동산 가격이 크게 떨어진 진짜 이유는 극심한 경기 불황과 주택 공급 과잉 때문이다. 금리인하와 대출규제 완화 등으로 1980년대 일본 주택시장에는 거품이 잔뜩 끼었다. 이에 일본 중앙은행은 1989년 2.5%였던 기준금리를 1991년 6.0%까지 끌어올렸다. 주택가격을 잡기 위해 주택 공급도 크게 늘렸다. 하지만 장기 불황이 덮치면서 일본 부동산 가격은 20년 이상 하락했다. 공급 과잉 여파는 수많은 빈집을 낳았다. 일본 빈집은 전국적으로 약 1,000만 채에 달한다.

일본에 빈집이 많은 것과 별개로 새집에 대한 강한 수요는 가격을 끌어올리고 있다. 부동산 버블이 꺼지면서 2010년대 들어 일본의 신규 주택 공급은 급격히 감소했다. 반면 신규 주택 수요는 강하게 남아 있어 일본 도쿄와 수도권의 신축 아파트 평균 가격은 버블 이전 수준을 회복한 데 이어 사상 최고가 행진을 이어가고 있다.

2023년 일본 경제가 높은 성장률을 기록한 것과 무관하지 않다는 평가다. 2023년 1분기 일본의 국내총생산GDP 성장률은 전 분기

대비 0.7%로 0.3%를 기록한 우리나라보다 2배 이상 높았다. 결국 2023년 일본은 1.9%, 한국은 1.4% 성장률을 기록해 1998년 이후 25년 만에 처음으로 일본이 우리나라보다 높은 경제성장률을 기록했다.

우리나라보다 훨씬 심한 고령화와 인구감소를 겪는 일본에서 짧게는 1년, 길게는 2~3년 부동산 가격이 초강세를 보이는 이유는 경기 호조로 수요는 회복하는 데 비해 버블 공포로 공급은 여전히 부족하기 때문인 것으로 보인다. 인구와 부동산 가격이 전혀 상관관계가 없지는 않지만 인구 구조만으로 '한국 부동산이 일본의 전철을 밟을 것'이라고 주장한다면 수긍하기 어렵다.

전세 종말,
월세시대는 축복일까?

　'전세사기'가 기승을 부린다. 전세금(전세 보증금)을 돌려받지 못해 발을 동동 구르는 사람이 적지 않다. 국회는 부랴부랴 전세사기특별법을 통과시켰다. 국토교통부 장관은 전세제도가 수명을 다했다고 말했다. 사기도 많고, 피해자도 많고, 게다가 집값 상승을 부추기는 부동산 투기의 주범이라는 오명을 쓴 전세는 종말이 머지않은 것처럼 보인다. 전세가 사라지고 월세시대가 오면 과연 모두가 행복할까? 전세는 과연 사라지긴 사라질 수 있을까?

신규 임대차 계약 절반은 전세

전세는 다른 몇몇 나라의 사례가 있다고 하지만 우리나라에서 가장 발달한 임대차 계약 유형이자 거주 유형이다. 외국인들에게 전세를 설명하는 건 여간 힘든 일이 아니다. 한국의 전세가 워낙 유명해서 한국 문화에 관심 있는 외국인들은 이해를 하지만 한국 문화가 낯선 외국인들은 고개를 갸우뚱하기 마련이다.

미국의 경우 거주 유형은 자가 아니면 월세다. 물론 자가주택을 보유하고 있지만 거주는 월세로 하는 사람도 있다. 집을 여러 채 가지고 월세 임대 소득을 거두는 사람도 적지 않다. 아무튼 거주 형태는 자가 또는 월세다. 보통 월세 계약을 맺을 때는 보증금Deposit을 낸다. 한 달치 또는 두 달치 월세에 해당하는 금액을 집주인 또는 임대회사가 요구한다. 이 보증금은 월세계약이 끝나면 돌려준다. 물론 그냥 돌려주지 않고 임대기간 중 집안에 생긴 문제가 있다면 수리, 수선비용을 빼고 돌려주는 게 일반적이다. 가끔 보증금을 내기 꺼려하는 세입자는 12개월 월세를 한꺼번에 내기도 하지만 일반적인 사례는 아니다.

전세가 집값 상승을 부추기고 사기도 너무 많으니 없애자고 하면 일순간 모두 사라질까? 아니면 국회에서 전세제도 폐지법을 만들면 될까?

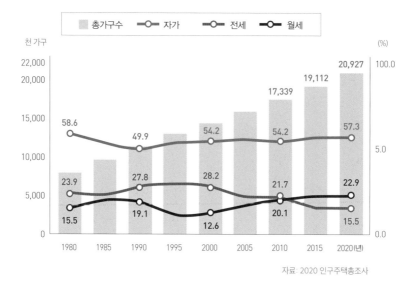

자료: 2020 인구주택총조사

우선 우리나라 사람들이 전셋집에 얼마나 많이 사는지 알아볼 필요가 있다. 통계청이 5년에 한 번씩 조사하는 인구주택총조사 결과를 보면 2020년 기준으로 전세로 사는 가구 비중은 15.5%에 달한다. 가구수로 따지면 전체 2,092만 가구 중 325만 가구가 전세로 살고 있다. 문제가 많다 많다 해도 아직 신규 임대차 계약의 절반은 전세다. 국토교통부의 2023년 1~4월 주택 임대차계약 통계를 살펴보면 전세 비중은 45.5%, 월세는 54.5%다. 월세 비중이 높긴 하지만 전세도 50%에 육박한다. 하루 아침에 전세 제도를 없애기 어려운 이유다.

전세가 사라지면 아파트 신규 분양도 급격히 줄어들 수밖에 없다. 왜냐하면 새 아파트를 분양받은 후 입주 때가 되면 전세를 주

는 식으로 많은 투자가 이뤄지기 때문이다. 전세금은 대출금을 충당하는 용도로 사용되는데, 임대인이 임차인에게 받는 전세금은 이자가 없는 돈이기 때문이다. 전세금이 일종의 사금융 역할을 하기 때문에 규제해야 한다는 논리가 설득력을 얻는다. 다만, 집주인이 완전 무상으로 돈을 빌리는 게 아니라 집을 내주고 각종 세금까지 다 내주는 구조이기 때문에 불평등하거나 불공정한 사적금전대차 계약이라고 보기 어렵다. 전세가 유지되는 것도 이런 구조와 이유 때문이다.

전세가 사라지고 아파트 신규 분양이 줄면 새 아파트 공급이 감소해 가격은 오를 수밖에 없다. 새 아파트 수요도 비슷하게 줄어들면 가격이 오르지 않겠지만 새 아파트에 대한 수요는 예나 지금이나 미래에나 계속 높게 유지될 것으로 보인다. 물론 가격이 너무 많이 오르면 비자발적으로 수요가 감소할 수는 있다.

전세가 전부 월세로 바뀌면 주거비 부담이 늘고 가처분 소득이 줄어들어 내수 경기도 위축될 수 있다. 당연한 이야기지만 저축률도 내려간다. 내수 경기 위축은 대기업보다 주변에 장사하는 소상 공인 가계에 치명타를 주게 된다. 전세를 없애는 게 서민을 위한 정책이라고 하지만 사실 국가 경제 전체적으로 봐서는 서민 경제에 가장 안 좋은 영향을 미칠 수 있다.

1,000조 원으로 추정되는 전세보증금을 집주인들이 모두 돌려 주는 것도 현실적으로 불가능할 것으로 보인다. 한국경제연구원에 따르면 2022년 말 기준 전세보증금 규모는 1,058조 원으로 추정된다. 보통 집주인들은 다음 세입자에게 전세보증금을 받아 이전 세입자에게 돌려준다. 다음 전세 세입자가 사라진다면 집주인은 본인이 보유한 현금이나 대출을 활용해 기존 세입자에게 전세금을 반환해야 하지만 둘 다 쉽지 않은 일이다. 집주인에게 전세금반환 목적의 대출 규제를 풀어주는 식으로 해법을 찾을 수도 있겠지만 가계부채 폭탄을 얘기하면서 전세금반환 대출을 늘리자는 주장은 논리적 일관성이 떨어진다.

주거비 부담 덜어주는 전세

우리나라 전세는 집값(매매가)의 상당비율을 집주인이 한꺼번에 받고 전세기간이 종료되면 돌려준다. 전세금 또는 전세보증금이 집값에서 차지하는 비중을 '전세가율'이라고 한다. 2024년 3월 기준으로 전국 주택의 매매가 대비 전세금 비중인 전세가율은 평균

63.8%다. 집값이 10억 원이면 전세가가 보통 6억 3,800만 원 한다는 뜻이다. 전세금을 한꺼번에 집주인에 지급한 임차인은 전셋집에 거주하는 동안에는 관리비, 공과금만 내면 된다. 재산세, 종합부동산세는 집주인이 내야 한다.

대출이 없다면 전세의 주거비 부담이 월세보다 당연히 낮을 수밖에 없다. 매매가 10억 원, 전세가 5억 원, 월세 200만 원(전월세 전환율 4.8%) 시세인 아파트가 있다고 가정해보자. 전세금 5억 원을 전부 자기 자금으로 조달한다면 연간 은행 이자 2,000만 원(연 4%, 세전)의 기회비용이 발생한다. 반면 월세 200만 원을 내게 되면 연간 월세 부담은 2,400만 원이다. 전세 기회비용 2,000만 원은 사실 내 주머니에서 나간 돈이 아니지만 월세 2,400만 원은 내 주머니에서 나간 돈이다.

위 사례에서 전세 → 월세 전환 시 적용되는 전월세전환율은 4.8%를 적용했다. 하지만 실제 현실에서 전월세전환율은 6~7%(법정 전월세전환율은 기준금리＋2%로 2023년 6월 현재 3.5%＋2%＝5.5%임)에 달한다. 임대인 입장에서 전세금을 받아서 은행에 넣어두면 이자율이 4~5%기 때문에 월세 수익률을 높이기 위해서는 전월세전환율을 올리게 된다. 전월세전환율이 만약 10%가 된다면 월세는 416만 원이 되고 연간 임대료 부담은 5,000만 원으로 늘어난다. 2023년 3인 가구 중위소득은 월 443만 원이다. 월세가 230원만 넘어가면 소득에서 월세가 차지하는 비중은 50%를 넘게 된다. 보통 소득에서 월세 지출 비중RIR, Rent Income Ratio이 30%가 넘으면 심각한 수준으로 본다.

물론 전세가 전부 사라지고 월세로 바뀌면 월세 수준이 내려갈 가능성도 있다. 월세 공급이 늘어나기 때문이다. 하지만 미국의 사례를 볼 때 과연 월세 공급이 많다고 해서 월세가 내려갈 것인지에 대해서는 의문이 남는다. 미국의 월세 상승률 통계를 보면 역사적으로 미국 월세가 전년 대비 하락한 경우는 1935년 이후 한 번도 없다. 미국 월세는 해마다 꾸준히 상승하는 추세다.

미국에서 집을 구할 때 가장 많이 사용하는 사이트인 질로우Zillow 통계를 봐도 모든 임대주택이 월세로 공급되는 미국에서 월세는 좀처럼 잘 떨어지지 않는다. 이 통계를 보면 2011년 말 미국 전역의 주택 평균 월세는 1,158달러였지만 해마다 상승해 2023년 5월 말 기준 2,048달러에 달한다.

반전세로 가는 길

결국 시장은 반전세로 흘러갈 것으로 보인다. 반전세, 준전세, 준월세, 보증부 월세 등 다양한 용어가 각각 다른 의미로 사용되고 있지만 일부 보증금을 넣고 매달 월세를 내면 통칭해서 반전세라고 불러도 무리가 없다.

반전세는 일단 무리한 갭투자를 방지할 수 있다. 갭투자는 주택시장을 혼탁하게 만드는 대표적인 투기 행위다. 매매가와 전세금의 차이(갭)가 적은 집이 타깃이다. 매매가는 5억 원인데 전세가 4

억 5,000만 원이면 5,000만 원으로 집을 한 채 살 수 있다. 같은 집을 5채 사는 데 필요한 돈은 2억 5,000만 원이다. 실제 집값은 25억 원이다. 갭투자는 투기적 과수요를 낳는다. 집값을 끌어올린다. 반면 전세 시세가 동시에 크게 떨어지면 갭투자는 도미노처럼 무너진다.

반전세는 집주인에게 집값에 육박하는 전세금을 맡기지 않아도 되기 때문에 전세금 반환 사고의 피해도 크게 줄일 수 있다. 사회적 문제가 되고 있는 전세사기는 범죄의 영역이기 때문에 논외로 하고, 집값이 떨어져 집주인이 전세금을 못 돌려주는 일은 상당수 방지될 것으로 기대된다. 단기간 집값이 50% 이상 급락하는 경우는 거의 없다고 본다면 반전세의 전세보증금 수준은 50% 아래로 설정하는 게 세입자 입장에서 리스크를 줄일 수 있는 선택이다.

반전세가 전세금 미반환 사고를 줄여줄지는 몰라도 세입자들의 주거비 주담을 늘리는 건 마찬가지다. 다음 사례를 보면 주거비 부담은 월세 > 반전세 > 전세 순으로 나타난다. 반전세나 월세의 늘어난 주거비 부담은 전세금을 돌려받지 못할 수 있는 리스크를 피하기 위한 비용으로 받아들일 수밖에 없다.

반전세는 보증금 규모를 집주인이 임의로 설정할 수 있기 때문에 세입자들이 적정 월세를 계산하기 어렵다는 맹점도 있다. 전세 5억 원인 아파트는 보증금 1억 원, 2억 원, 3억 원, 4억 원일 때 각각 어느 정도의 월세가 적당한지 사실 일반인들은 쉽게 알기 어렵다. 기준금리+2%인 법정 전월세 전환율은 하나의 가이드라인일

전세, 반전세, 월세 주거비 부담 비교

구분	전세	반전세	월세
시세	보증금 5억 원	보증금 1억 원, 월세 183만 원	월세 229만 원
이자수입	0원	1억 원×3% / 12개월 = 월 25만 원	2억 원×3% / 12개월 = 월 50만 원
주거비부담	월 100만 원(대출이자)	183만 원 − 25만 원 = 월 158만 원	229만 원 − 50만 원 = 월 179만 원

※ 법정 전월세 전환율 5.5% 적용(2023년 6월 말 기준)
　전세 보증금 3억 원 연 4% 대출(현금 2억 원 보유. 은행 예치 시 연 3% 이자)

뿐이다. 법정 전월세 전환율은 신규 임대차 계약에는 적용할 수 없기 때문이다. 기존에 전세로 살던 세입자에게 '보증금을 일부 돌려줄 테니 대신 월세를 달라'고 할 때만 적용되는 규칙일 뿐이다. 이때문에 반전세 계약을 잘못하면 시세 대비 높은 월세를 내는 피해를 입을 수 있다.

청약제도는
알아야 한다

주택시장에서 새 아파트가 가진 힘은 막강하다. 누구나 새 아파트에 한 번쯤 살고 싶은 꿈을 갖고 있다. 입지가 좋고 브랜드가 있는 대단지라면 인기는 치솟기 마련이다. 새 아파트 인기는 분양가와 청약경쟁률로 드러난다. 신도시, 택지개발지구가 아닌 이상 기존 대도시 안에는 더 이상 빈 땅이 없다. 새 아파트는 기존 낡은 아파트와 빌라를 대체한다. 재건축, 재개발로 새 아파트 단지가 조성되면 동네 분위기도 바뀐다. 물론 노후 주거지에 살던 사람들이 강제로 동네를 떠나야 하는 불편한 상황도 마주해야 한다.

새 집, 새 아파트를 선호하는 건 우리나라 사람들이 새것만 좋아해서 그런 게 아니다. 보편적인 현상이다. 미국만 봐도 새 집 선호현상은 뚜렷하다. 전미주택건설협회NAHB 조사를 보면 미국인

60%는 새 집에 살기를 원한다. 미국은 집주인 또는 세입자가 집을 직접 관리해야 하는데 아무래도 새 집이 관리 측면에서 훨씬 노력과 비용이 덜 들기 때문이다. 단독주택 수십, 수백 채를 지어 깔끔하고 안전한 단지를 조성하면 빈집은 찾기 어렵고 월세도 많이 받을 수 있다.

새 아파트 얼마나 공급되고 있을까?

새 아파트에 살고 싶은 사람은 많지만 공급은 부족하다. 특히 지방보다 서울은 항상 공급 부족에 시달린다. 2022년 하반기부터 본격화된 주택시장 침체로 지방 미분양은 급증했다. 미분양은 분양공고를 내고 입주자를 모집했지만 주인을 찾지 못한 집이다. 준공 후에도 미분양 상태로 남아 있는 '준공 후 미분양'은 악성 미분양으로 분류된다. 악성 미분양이 쌓이면 시행사, 시공사는 자금 압박을 받게 된다. 분양대금을 받아 프로젝트 파이낸싱PF 대출을 갚고 공사대금 등을 지급해야 하기 때문이다.

국토교통부 통계에 따르면 민간에서 이뤄지는 아파트 일반분양 물량은 전국적으로 연간 17~40만 가구로 들쭉날쭉 편차가 심한 편이다. 주택공급이 정부의 주택정책과 주택경기에 영향을 많이 받기 때문일 것으로 보인다. 예를 들어, 2015년에는 1년 동안 전국에서 민간 아파트 39만 7,458가구가 분양됐다. 아파트 분양부터 입

서울 아파트 민간분양

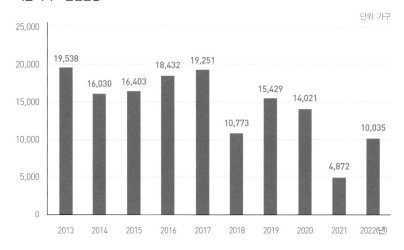

단위: 가구

주까지 대체로 3년 정도 걸리기 때문에 입주는 2018년에 집중됐다.

전국 통계를 봐서는 감을 잡기 어렵다. 핵심은 서울이다. 서울 아파트가 대한민국 부동산 정책, 규제, 투자, 투기의 기준이다. 서울 아파트 분양 물량은 1만 가구 이상 꾸준히 유지되다가 2021년 4,872가구로 급격히 감소했다. 2021년 공급 충격은 2023년부터 주택 시장에 본격적으로 영향을 미치고 있다.

다시 보자 청약통장

새 아파트 분양을 받기 위해서는 청약통장이 필요하다. 과거에는 청약저축, 청약예금, 청약부금 등 청약하려는 아파트 종류에 따라 필요한 청약통장 종류가 달랐다. 하지만 지금은 주택청약종합저축이 가입할 수 있는 유일무이한 청약통장이다. 청약종합저축만 있으면 원하는 아파트에 청약할 수 있다.

청약종합저축은 일부 외국인을 포함해 우리 국민이면 누구나 가입할 수 있는 청약통장이다. 나이, 소득 조건이 없다. 유주택자, 미성년자도 가입 가능하다. 여러 은행에 계좌 여러 개를 만들 수는 없고 1인당 1개의 계좌만 보유할 수 있다. 매달 납입하는 게 번거로우면 한꺼번에 1,500만 원까지 넣는 것도 가능하다. 한꺼번에

주택청약종합저축

구분	내용
가입대상	국민인 개인, 외국인 거주자
가입제한	연령, 소득, 주택소유여부 관계없이
	누구나 전 금융기관에 1개 계좌 보유 가능
계약기간	가입일부터 당첨일까지
적립금액	월 2~50만 원 정해진 날에 자유롭게 납입 ◦ 잔액 1,500만 원 미만: 월 50만 원 초과해 전액 1,500만 원까지 일시납 가능 ◦ 잔액 1,500만 원 이상: 월 50만 원 이내
금리	2년 이상 가입 시 연 2.1%(2023년 6월 말 기준)
소득공제	총 급여 7,000만 원 이하 무주택 세대주 연간 납입금(최대 240만 원)의 40%(최대 96만 원) 한도

1,500만 원 넣고 2년 경과하면 일단 서울에서 분양하는 민간 분양 아파트 청약 1순위 자격은 얻을 수 있다. 19~34세 연소득 3,600만 원 이하 청년을 위한 '청년우대형 주택청약종합저축'도 있다. 청년에게 제공하는 우대는 비과세와 높은 금리다. 청년우대청약저축에 가입하고 2년 이상 유지하면 이자소득 500만 원까지 비과세된다. 금리는 청약종합저축 금리에 1.5%포인트를 추가로 제공한다.

청약통장은 저축과 내 집 마련이라는 두 가지 목적을 동시에 달성할 수 있는 수단이다. 하지만 저축할 돈이 부족하거나 내 집 마련이 쉽지 않은 환경에서는 인기가 시들할 수밖에 없다. 큰 시세차익을 기대할 수 있는 로또청약이 줄어들어도 청약통장 가입자는 감소하게 된다.

1순위, 가점, 추첨

청약통장의 핵심은 1순위 자격이다. 인기 지역의 신규 분양아파트에 청약하려면 1순위 자격이 기본이다. 1순위에서 경쟁률이 1대 1을 넘어버리면 2순위는 무의미하다. 우선 공공에서 분양하는 전용면적 85㎡ 이하 국민주택은 기간과 납입횟수 제한이 있다. 예를 들어, 서울 송파구에 분양되는 국민주택의 경우 2년 24회 이상 납입해야 1순위 자격을 받게 된다. 2023년 말 현재 전국에 남아 있는 투기과열지구, 청약과열지역은 서울 강남3구(강남, 서초, 송파)와 용산

국민주택, 민영주택 청약 1순위 자격

- **국민주택** | 수도권 | 가입기간 1년 월납입금 12회
  | 비수도권 | 6개월 6회
  | 투기과열지구 및 청약과열지역 | 2년 24회

- **민영주택** | 수도권 | 가입기간 1년, (비수도권) 6개월
  | 투기·청약과열 | 2년
  | 공통 | 지역별 청약 예치기준금액 이상 납입

자료: 국토교통부

민영주택 청약 예치기준금액

단위: 만 원

공급받을 수 있는 주택의 전용면적/지역	특별시 및 부산광역시	그 밖의 광역시	특별시 및 광역시를 제외한 지역
85제곱미터 이하	300	250	200
102제곱미터 이하	600	400	300
135제곱미터 이하	1,000	700	400
모든 면적	1,500	1,000	500

자료: 주택공급에 관한 규칙

구뿐이다. 국민주택을 제외한 민영주택은 청약통장 납입횟수 제한은 없고 가입기간 제한만 있다. 대신 청약통장 납입금 규모가 지역별, 규모별 규정에 맞아야 한다.

1순위는 기본 자격이다. 1순위 안에서 경쟁이 있으면 민영주택의 경우 가점, 추첨으로 입주자를 선정한다. 가점과 추첨 비율은 면적과 분양지역에 따라 다르다. 서울 강남구에서 분양하는 전용

면적 85m² 아파트는 가점 70%, 추첨 30% 룰이 적용된다. 추첨을 할 때도 그냥 아무나 뽑는 게 아니다. 무주택자에게 75%를 우선 배정한다. 1순위에서 미달된 경우 2순위 당첨자는 추첨 방식으로 뽑는다.

가점제의 핵심은 무주택기간과 부양가족이다. 청약통장 가입기간은 무조건 17점 만점을 전제로 해야 당첨 확률을 조금이라도 높일 수 있다. 무주택기간을 계산할 때 기준이 되는 가구원은 청약자 본인과 배우자다. 만약 한 사람이라도 주택을 보유한 적 있다면 두 사람 모두 무주택이 된 날부터 무주택기간을 산정한다. 청약신청자 본인 명의로 한 번도 주택을 소유한 적 없고, 배우자 또한 혼인 이후 주택을 소유한 적 없다면 무주택기간은 청약신청자가 30세가 되는 날부터 입주자모집공고일까지다. 30세 전에 혼인한 경우라면 혼인신고일부터 무주택기간을 산정한다.

민영주택 당첨자 선정 기준

전용 면적	85m² 초과 공공임대	수도권 내 공공주택지구	투기 과열지구	청약과열 지역	그 외 일반지역
60m² 이하	-	가점제 40%			가점제 40% 이하
60m² 초과 85m² 이하	-	가점제 70%			가점제 40% 이하
85m² 초과	가점제 100%	가점제 80%		가점제 50%	추첨제 100%

자료: 한국감정원 청약홈

무주택 판정 시 가장 헷갈리는 부분이 분양권과 입주권이다. 분양권은 새 아파트에 청약해 당첨됐을 때 부여받는 권리다. 입주권은 재건축, 재개발 아파트에 입주할 수 있는 권리다. 과거에 분양권은 주택으로 보지 않았지만 2018년 12월 11일을 기점으로 주택으로 보기도 하고 보지 않기도 한다. 즉, 2018년 12월 11일 이후 입주자모집 공고를 낸 아파트에 청약해 당첨돼 분양권을 보유하고 있다면 주택을 소유한 것으로 본다. 다만, 미분양주택 분양권을 매수했다면 무주택으로 간주한다. 입주권은 2018년 12월 11일 이전에 관리처분계획 인가를 신청했다고 해도 기존에 살던 아파트가 철거(멸실)되기 전까지는 유주택자로 보고 철거된 이후부터 무주택자로 본다. 2018년 12월 11일 이후 관리처분계획 인가를 신청한 후 입주권을 소유하고 있다면 멸실 여부와 무관하게 유주택자다.

부양가족의 경우 일반적으로 자녀 1명을 둔 부부라면 가족수는 3명이지만 부양가족은 2명이기 때문에 35점 만점에 15점밖에 받지 못한다. 만약 이 자녀가 결혼을 했다면 부양가족수 계산에서 빠진다. 또 이 자녀가 30세가 넘었다면 입주자모집 공고일 기준으로 1년 이상 청약신청자 또는 그 배우자와 주민등록을 같이 해야 부양가족으로 인정받을 수 있다. 이 부부가 만약 입주자모집 공고일 현재 3년 이상 청약자인 남편의 직계존속(부모)과 주민등록등본상 같은 곳에 거주하고 있다면 부양가족수에 포함된다. 자녀가 혼인 전이라면 총 부양가족수는 4명이 되고 부양가족 청약 가점은 25점이 된다.

청약 가점 항목 및 점수(총점 84점)

가점 항목	가점 상한	가점구분	점수	가점구분	점수
① 무주택 기간	32	1년 미만	2	8년 이상~9년 미만	18
		1년 이상~2년 미만	4	9년 이상~10년 미만	20
		2년 이상~3년 미만	6	10년 이상~11년 미만	22
		3년 이상~4년 미만	8	11년 이상~12년 미만	24
		4년 이상~5년 미만	10	12년 이상~13년 미만	26
		5년 이상~6년 미만	12	13년 이상~14년 미만	28
		6년 이상~7년 미만	14	14년 이상~15년 미만	30
		7년 이상~8년 미만	16	15년 이상	32
② 부양 가족수	35	0명	5	4명	25
		1명	10	5명	30
		2명	15	6명 이상	35
		3명	20		
③ 입주자 저축 가입 기간	17	6개월 미만	1	8년 이상~9년 미만	10
		6개월 이상~1년 미만	2	9년 이상~10년 미만	11
		1년 이상~2년 미만	3	10년 이상~11년 미만	12
		2년 이상~3년 미만	4	11년 이상~12년 미만	13
		3년 이상~4년 미만	5	12년 이상~13년 미만	14
		4년 이상~5년 미만	6	13년 이상~14년 미만	15
		5년 이상~6년 미만	7	14년 이상~15년 미만	16
		6년 이상~7년 미만	8	15년 이상	17
		7년 이상~8년 미만	9		

※ 제28조제6항에 따라 입주자모집공고일 현재 1호 또는 1세대의 주택을 소유한 세대에 속한 자와 과거 2년 이내에 가점제를 적용받아 다른 주택의 당첨자가 된 자의 세대에 속한 자는 제1순위에서 가점제의 적용 대상자에서 제외되며, 추첨제의 적용 대상자에 포함된다.

분양권 관련 세금의 모든 것

새 아파트 분양에 청약을 해서 당첨이 되면 입주하기 전까지 분양권을 보유하게 된다. 분양권은 과거에는 1가구 1주택 양도세 비과세 조건을 따질 때 주택으로 보지 않았지만 2021년 1월 1일 이후 취득한 분양권은 주택으로 본다. 따라서 1주택이 있는 상태에서 분양권을 보유하게 된 경우 2년 안에 기존 주택을 처분해야 일시적 2주택자로 보고 양도세를 비과세한다.

입주권·분양권 취득 후 3년 이내 종전주택 처분

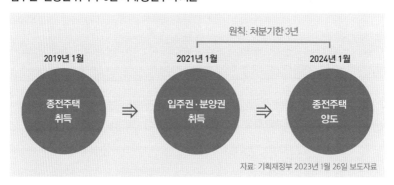

자료: 기획재정부 2023년 1월 26일 보도자료

신규주택 완공 후 3년 이내 종전주택 처분

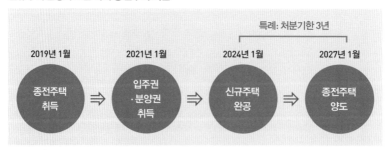

일시적 2주택(1주택+1분양권·입주권) 양도세 비과세는 얼어붙은 주택시장을 살리자는 차원에서 2023년 1월 대폭 개선됐다. 우선 기존주택 처분기한이 종전 2년에서 3년으로 1년 늘어났다. 분양권 취득 후 3년(기본 처분기한) 안에만 기존주택을 처분하면 양도세 비과세 혜택을 받을 수 있게 됐다. 게다가 만약 입주권·분양권이 주택으로 완공돼 입주하는 경우, 입주권·분양권 취득일로부터 3년이 지났더라도 완공 후 3년(특례 처분기한) 안에 기존주택을 매도하면 양도세를 내지 않아도 된다. 기본 처분기한 3년에는 실거주 의무가 없지만, 특례 처분기한 3년에는 실거주 의무가 있다.

분양권은 많은 경우 시세차익을 거두고 중간에 판매(전매)하기 위한 용도로 활용되기도 한다. 분양권 전매가 과거에는 최장 10년간 금지되는 등 제한이 많았지만 지나치게 얼어붙은 주택시장을 살리기 위해 정부는 2023년 4월 7일 분양권 전매 제한을 대폭 완화했다. 이에 따라 수도권은 최장 10년에서 3년으로, 비수도권은 최장 4년에서 1년으로 단축됐다.

분양권 전매제한

수도권	공공택지 또는 규제지역	과밀억제권역	기타
	3년	1년	6개월
비수도권	공공택지 또는 규제지역	광역시(도시지역)	기타
	1년	6개월	없음

자료: 국토교통부(2023년 4월 4일 보도자료)

분양가 상한제 아파트에 대한 2~5년 실거주 의무 유예법안도 진통 끝에 2024년 2월 국회를 통과했다. 분양권 전매 시장 활력 제고에 도움이 되는 조치다. 하지만 높은 양도소득세율은 여전히 벽으로 존재한다.

분양권 전매 시 시세차익에 대한 양도소득세율은 1년 미만 보유 시 70%, 1년 이상 보유 시 60%로 대단히 높다. 2022년 12월 기획재정부는 '2023년 경제정책방향'을 발표하면서 분양권 전매에 따른 양도세율을 대폭 낮추겠다고 밝혔지만 2024년 3월 현재 법 개정이 이뤄지지 않고 있다.

분양권과 입주권의 양도소득세율 현황과 정부의 개선방향

구분	현행	개선
분양권	1년 미만 70%	1년 미만 45%
분양권	1년 이상 60%	1년 이상 → 폐지
입주권	1년 미만 70%	1년 미만 45%
입주권	1~2년 60%	1년 이상 → 폐지

※ (분양권과 입주권) 단기 양도소득세율을 2020년 이전 수준으로 환원

자료: 기획재정부(2022년 12월 23일 보도자료)

재산세 내는데
종합부동산세를 또?

주택은 '취득-보유-처분' 3단계에 걸쳐 세금을 내야 한다. 취득(매수)할 때 취득세, 보유할 때 재산세와 종합부동산세(종부세), 그리고 처분할 때 양도소득세가 부과된다. 이 중에서도 특히 특별한 행위를 하지 않고 주택을 보유만 해도 내야 하는 세금이 재산세와 종부세다. 재산세와 종부세는 둘 다 고가 주택일수록 많이 내야 하는 누진세다. 동일한 주택에 부과된다는 것도 공통점이다. 주택 보유 시점 판단 기준일이 매년 6월 1일이라는 것도 같다. 다만, 재산세는 지방세지만 종부세는 국세다. 과세대상과 세율, 납부기간도 다르다.

부동산 관련 세금 중 종부세는 늘 뜨거운 감자다. 고가주택 보유자, 다주택자에 대한 징벌적 성격을 갖기 때문이다. 이 때문에 사유재산 침해, 이중과세 등 2005년 도입 이후 논란이 끊이지 않고 있다. 정쟁의 도구로 전락했다는 평가도 나온다. 진보적인 정권에서는 종부세를 강화하고 반대로 보수적인 정권에서는 종부세를 완화하는 게 관행처럼 굳어졌다. 부자감세, 부자증세, 증세 없는 복지 등 사실 세금만큼 정치적인 이슈도 없다.

종합부동산세 도입 역사

종부세가 도입된 건 2005년이다. 수도권, 특히 강남을 중심으로 부동산 가격이 폭등하자 참여정부가 꺼내든 카드다. 종부세 도입 결정은 2003년에 내려졌다. 한국부동산원의 주택가격통계를 살펴보면 2001과 2002년 전국주택가격은 각각 9.9%, 16.4% 급등했다. 특히 서울 강남 지역의 집값은 각각 17.5%, 27.4% 폭등하며 전국 집값 상승을 주도했다. 문재인정부 시절 부동산가격이 많이 오르긴 했지만 2020년과 2021년 전국 집값상승률은 각각 5.4%, 9.9%로 2002~2003년보다는 낮았다.

종부세는 강남발 집값 폭등, 집값 거품이 전국으로 확산되며 부동산 투기로 온 나라가 엉망이 되는 걸 막겠다는 선의로 도입됐지만 정책 실효성에는 의문이 제기된다. 도입 당시인 2005년에는 전국 주택가격상승률이 불과 4.0%, 강남은 9.4%였지만 2006년에는 전국 11.6%, 강남 22.7%로 오히려 더 많이 오르는 결과를 낳았다.

연도별 주택매매가격 상승률 및 하락률

단위: %

연도	전국	서울	강남
2000	0.4	3.1	4.4
2001	9.9	12.9	17.5
2002	16.4	22.5	27.4
2003	5.7	6.9	10.5
2004	−2.1	−1.4	−1.6
2005	4	6.3	9.4
2006	11.6	18.9	22.7
2007	3.1	5.4	2.6
2008	3.1	5	1.3
2009	1.5	2.7	3.4
2010	1.9	-1.2	−1
2011	6.9	0.3	0.3
2012	0	-2.9	-3.5
2013	0.3	-1.4	-1.1
2014	1.7	1.1	1.2
2015	3.5	4.6	5.2
2016	0.7	2.1	2.5
2017	1.5	3.6	4.4
2018	1.1	6.2	6.5
2019	−0.4	1.3	1.4
2020	5.4	2.7	2.2
2021	9.9	6.5	6.8
2022	−4.7	−4.7	−4.1
2023	-3.6	-2	-1.5

자료: 한국부동산원

종부세를 부과하면 강남을 중심으로 주택 투기 수요가 한풀 꺾일 것으로 본 게 잘못이었다. 부동산 거품은 2007년 이후 글로벌 금융 위기가 터지면서 순식간에 전국에서 터졌다.

종부세, 누가 얼마나 내고 있나?

많은 논란이 있지만 종부세의 부동산 투기 억제 효과를 완전히 부인하기는 어렵다. 다만, 과도한 종부세 부담은 집 한 채를 보유하고 있지만 고정적인 소득이 없는 고령층, 은퇴 가구에게는 큰 부담이다. 투기를 잡겠다고 빼든 칼에 엉뚱한 사람이 피해를 볼 수 있기 때문에 보다 정밀한 설계가 필요하지만 문제는 '투기'에 대한 정의를 쉽게 내리기 어렵다는 점이다.

2022년 5월 윤석열 정부 출범 이후 12월 정기국회에서 주택분 종부세 기본공제금액을 6억 원에서 9억 원으로 올리는 종부세법 개정안이 국회를 통과했다. 1가구 1주택 종부세 비과세 기준도 11억 원에서 12억 원으로 올라갔다.

그 결과 2023년 주택분 종부세 고지 인원은 41만 2,000명으로 2022년 119만 5,000명 대비 큰 폭으로 줄었다. 종부세 고지액도 2022년에는 3조 3,000억 원이었지만 2023년엔 1조 5,000억 원으로 절반 이상 감소했다.

법인을 제외하고 종부세를 내야 하는 사람 중 1주택자는 11만

1,000명, 세액 규모는 905억 원으로 집계됐다. 다주택자 과세인원은 24만 2,000명, 금액은 4,000억 원이다. 다주택자 과세인원과 세액도 2022년 대비 크게 줄었는데 2022년까지 다주택자에게 징벌적으로 적용된 중과세율이 2023년에는 개선됐기 때문이다.

1주택 공시가격 12억 원 넘으면 종부세

2022년 말 법 개정으로 2023년 종부세 과세인원, 과세규모는 큰 폭으로 줄었다. 주택분 종부세의 기본공제금액이 1가구 1주택의 경우 종전 11억 원에서 12억 원으로, 2주택 이상인 경우 6억 원에서 9억 원으로 상향됐다. 즉, 1가구 1주택의 경우 공시가격 12억원까지는 종부세를 내지 않는다. 다주택자는 합산 주택가격 9억 원까지는 종부세 대상에 포함되지 않는다.

아파트 공시가격은 시세 반영률이 대략 70~80%다. 80%라고 보면 공시가격 9억 원은 시세 11억 2,500만 원이고, 12억 원은 시세 15억 원이다. 1주택자의 경우 시세 15억 원 미만의 아파트를 보

종부세 산출공식

○ 과세표준 = (주택공시가격 합계 – 기본공제금액) × 공정시장가액비율(60%)
○ 산출세액 = 과세표준 × 세율 – 재산세중복조정 – 연령별 보유기간별 세액공제

유하고 있다면 2023년 종부세 부과 대상에서 빠졌다고 보면 된다.

중과 세율도 인하했다. 과세표준 7억 원인 2주택자의 경우 2022년에는 세율이 1.2%였지만 2023년에는 1.0%로 내려갔다. 과표 7억 원 3주택자의 세율도 2.2%에서 1.0%로 인하됐다.

종부세 과세표준은 주택 공시가격 합계에서 기본공제 금액을 뺀 후 공정시장가액비율을 곱해서 산출한다. 1주택자는 기본공제가 12억 원, 다주택자는 9억 원이다. 공정시장가액비율은 과표 산출 때 적용하는 일정 비율로 문재인정부였던 2021년 95%까지 상향했지만 2022년 윤석열정부 출범 이후 60%로 대폭 낮춰 유지되고 있다. 종부세 세 부담 완화를 위한 조치다.

종부세는 과표에 세율을 곱해서 산출한다. 다만, 종부세와 재산세가 중복 부과된 부분은 조정을 한다. 예를 들어, 공시가격 15억

종부세 공정시장가액비율

연도	2018년 이전	2019년	2020년	2021년	2022년 이후
공정시장가액 비율	80%	85%	90%	95%	60%

1가구 1주택 연령별, 보유기간별 세액공제율

공제한도	연령별			주택보유기간별		
80%	60세 이상	65세 이상	70세 이상	5년 이상	10년 이상	15년 이상
	20%	30%	40%	20%	40%	50%

종부세 계산 시 재산세 중복과세 조정

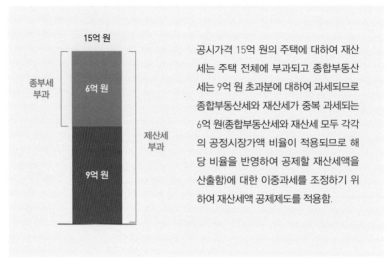

공시가격 15억 원의 주택에 대하여 재산세는 주택 전체에 부과되고 종합부동산세는 9억 원 초과분에 대하여 과세되므로 종합부동산세와 재산세가 중복 과세되는 6억 원(종합부동산세와 재산세 모두 각각의 공정시장가액 비율이 적용되므로 해당 비율을 반영하여 공제할 재산세액을 산출함)에 대한 이중과세를 조정하기 위하여 재산세액 공제제도를 적용함.

자료: 국세청, 《2023 주택과 세금》

원인 아파트에 대해 재산세는 전체에 대해 부과되고, 종부세는 1주택자가 아닌 경우 9억 원 초과분에 대해서 부과된다. 따라서 재산세와 종부세가 중복해서 부과된 6억 원에 대해서는 종부세에서 빼준다. 산출식이 복잡하기 때문에 직접 계산하기보다 원리만 알아도 충분하다. 1가구 1주택 세액공제는 고령자, 장기주택보유자를 위한 혜택이다. 과표와 세율에 따라 종부세가 산출되면 재산세가 중복으로 부과된 부분을 빼주고 세액공제율에 따른 세액공제까지 반영하면 최종 납부해야 할 종부세가 확정된다.

4부

산업 인사이트

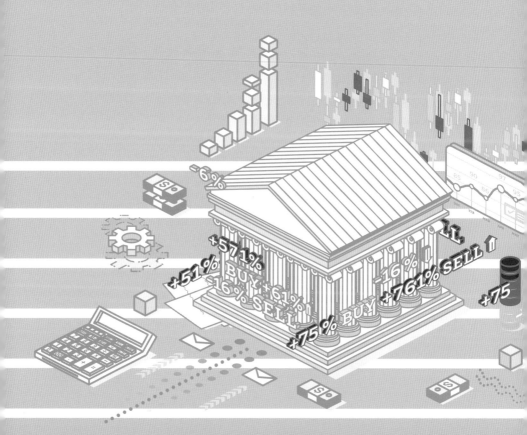

대한민국 기업,
산업구조

우리나라 경제를 이해하기 위해서는 무엇보다 기업과 산업을 알아야 한다. 비단 우리나라뿐만 아니라 한 나라의 경제를 제대로 알기 위해서는 그 나라에 어떤 기업이 있는지, 어떤 산업이 주력인지 파악하는 게 중요하다. 경제성장률이 몇 퍼센트인지, 물가가 얼마나 올랐는지, 기준금리가 몇 퍼센트인지 아는 것도 필요하지만 이런 지식과 정보는 추상적이다.

하지만 기업과 산업은 우리 생활과 바로 맞닿아 있기 때문에 보다 현실적이고 체감적이다. 미국의 전설적인 펀드 매니저인 피터 린치는 생활 속에서 투자 종목을 발굴해야 한다고 조언했다. 투자를 위해서가 아니라 한 나라의 경제가 어떻게 돌아가는지 알기 위해서도 이 조언은 유효하다.

한국을 움직이는 기업

우리나라 경제를 이끄는 기업이 어딘지 객관적으로 파악하기
가장 좋은 기준과 정보는 주식시장과 공정거래위원회가 친절하게
제공한다. 주식시장에서는 시가총액이 중요한 기준이 된다. 공정

2023년 공시대상기업집단 지정 현황

단위: 개, 십억 원

순위			기업집단명	동일인(총수)	계열회사수		공정자산총액	
2023년	2022년	변동			2023년	2022년	2023년	2022년
1	1	0	삼성	이재용	63	60	486,401	483,919
2	2	0	SK	최태원	198	186	327,254	291,969
3	3	0	현대자동차	정의선	60	57	270,806	257,845
4	4	0	LG	구광모	63	73	171,244	167,501
5	6	1↑	포스코	포스코홀딩스㈜	42	38	132,066	96,349
6	5	1↓	롯데	신동빈	98	85	129,657	121,589
7	7	0	한화	김승연	96	91	83,028	80,388
8	8	0	GS	허창수	95	93	81,836	76,804
9	9	0	HD현대	정몽준	32	36	80,668	75,302
10	10	0	농협	농협중앙회	54	53	71,411	66,962
11	11	0	신세계	이명희	52	53	60,487	61,055
12	12	0	KT	㈜KT	50	50	45,866	42,090
13	13	0	CJ	이재현	76	85	40,697	36,925
14	14	0	한진	조원태	34	33	37,826	35,238
15	15	0	카카오	김범수	147	136	34,207	32,216
16	17	1↑	LS	구자은	59	58	29,491	26,270

자료: 공정거래위원회(2023년 4월 25일 보도자료)

위는 자산을 기준으로 그룹별 순위를 매년 발표한다. 주식시장에서 시가총액 상위기업, 공정위 발표에서 자산총액이 큰 그룹이 대한민국 경제, 산업 구조에서 중요한 역할을 한다고 이해해도 무방하다. 물론 규모가 작은 중소기업과 스타트업도 우리 경제를 이끄는 중요한 축이지만 이 부분까지 이 책에서는 다 다루기엔 한계가 있다.

앞의 자료를 보면 한국을 움직이는 대표적인 기업이 어딘지 한눈에 파악할 수 있다. 삼성전자, 삼성바이오로직스, 삼성SDI, 삼성물산 등을 보유한 삼성그룹은 자타공인 우리나라 경제를 이끄는 핵심 기업이다. 국내 최대 기업(매출, 시가총액 기준)인 삼성전자의 경우 2022년 12월 말 현재 고용인원만 12만 명이 넘는다.

시설, 연구개발R&D 투자 규모도 천문학적이다. 삼성그룹이 2022년에 발표한 투자계획을 보면 5년간(2022~2026년) 국내 380조 원, 해외 90조 원 등 총 450조 원을 투자한다. 반도체에 300조 원, 바이오 등 신성장 산업에 50조 원 등이다. 이 투자를 통해 새로 창출하는 일자리만 8만 개에 달할 전망이다.

SK하이닉스, SK이노베이션, SK텔레콤, SK바이오사이언스 등을 보유한 SK그룹은 국내에서 두 번째로 큰 기업집단이다. SK하이닉스는 삼성전자와 같은 메모리 반도체를 설계부터 생산까지 직접하는 종합반도체기업IDM이다. SK는 2012년 하이닉스를 인수해 반도체 사업에 뛰어들었다. 반도체 사업은 호황과 불황의 사이클이 분명하고 해마다 천문학적인 투자를 해야 하는 부담이 있지만 정유, 통신 등 내수산업 위주에서 SK를 글로벌 기업으로 자리매김하게 만들었다.

SK는 SK이노베이션에서 이차전지 사업을 하는 SK온을 물적분할해 100% 자회사로 만들었다. SK온은 LG에너지솔루션, 삼성SDI와 같은 배터리 셀 제조기업이다. 소재를 받아서 전기차에 들어가는 배터리를 최종 완성한다. 전기차 배터리에 들어가는 분리막을 만드는 SK아이테크놀로지도 2019년 SK이노베이션에서 물적분할해 2021년 주식시장에 상장했다.

현대자동차그룹은 현대차, 기아차, 현대모비스, 현대건설, 현대제철 등을 보유한 국내 최대 자동차 기업이다. 현대차와 기아차의 2022년 글로벌 판매량은 684만 대로 1위 도요타(1,048만 대), 2위 폭스바겐(848만 대)에 이어 전 세계 완성차 업체 중 3위를 기록했다. 특히 현대차와 기아차는 2023년 1분기 국내 증시 상장사 중 최대인 6조 4,666억 원의 영업이익을 올려 1분기 어닝쇼크에 빠진 국내 최대 기업 삼성전자를 제쳤다.

LG, 포스코, 롯데, 한화 등도 한국 경제를 이끄는 핵심 기업들이다. LG의 경우 국내 상장사 시가총액 3위인 LG에너지솔루션이 기업의 미래를 책임질 핵심 계열사로 우뚝 섰다. 포스코는 세계적인 철강회사에 만족하지 않고 최근 이차전지 광물, 소재 사업에서 두각을 나타내고 있다. 롯데는 신세계와 함께 국내를 대표하는 유통기업이다. 한화는 그룹의 모태가 화약기업(한국화약)으로 방위산업과 태양광 사업을 주력으로 하고 있다.

코스피 시가총액 상위 기업 중에서는 KB금융, 신한지주, 하나금융지주, 카카오뱅크 등 금융사들이 눈에 띈다. 금융지주사 3곳과 인터넷전문은행 1곳이다. 이익규모, 고용규모 등을 고려할 때 금융산업도 우리나라 경제, 산업구조에서 중요한 역할을 맡고 있다. KB, 신한, 하나, 우리 등 4대 금융지주는 2023년 15조 원 넘는 순이익을 올렸다.

코스닥 상장사 중에서는 에코프로그룹(에코프로비엠, 에코프로, 에코프로에이치엔)이 단연 눈에 띈다. 에코프로비엠은 이차전지 소재 중 배터리의 용량과 수명을 좌우하는 양극재를 생산한다. 국내 1위, 세계 2위(삼원계 하이니켈 배터리) 양극재 제조 기업이다. 에코프로는 에코프로그룹 지배구조 정점에 있는 지주회사로 에코프로비엠(양극재), 에코프로에이치엔(배터리 재활용), 에코프로이노베이션(수산화리튬), 에코프로머티리얼즈(전구체) 등을 계열사로 두고 있다.

대한민국의 주력산업

우리나라는 GDP 대비 수출 비중이 37.9%에 달하는 명실상부 수출주도형 국가다. 수출이 잘 돼야 경제가 성장한다는 뜻이다. 또, 대한민국은 세계적인 제조업 강국이다. GDP에서 제조업이 차지하는 비중이 27.9%로 세계 최고 수준이다. 유엔산업개발기구 UNIDO가 발표하는 제조업 경쟁력지수CIP 조사에서는 152개국 중 독일, 중국에 이어 세계 3위에 올랐다. 따라서 우리나라 산업구조를 이해하기 위해서는 '수출 제조업'이라는 키워드를 갖고 접근하는 게 가장 합리적이라고 본다.

이런 측면에서 2023년 대한민국 15대 수출품목을 살펴보면 ▲반도체 ▲자동차 ▲일반기계 ▲석유제품 ▲석유화학 ▲선박 ▲철강제품 ▲자동차부품 ▲디스플레이 ▲바이오헬스 ▲무선통신기기 ▲이차전지 ▲섬유 ▲컴퓨터 ▲가전 등의 순으로 집계됐다. 이 중에서 특히 우리 경제에서 차지하는 역할, 비중이 큰 반도체, 자동차, 이차전지 산업 등은 다음 부분에서 경쟁력과 밸류체인에 대해 자세히 살펴보겠다.

주력산업 중 반도체는 전통적으로 수출, 매출, 이익 측면에서 가장 앞선 산업이다. 반면, 이차전지는 전기차 시장이 본격적으로 개화하면서 제2의 반도체가 될 수 있다는 예측, 전망에 글로벌 경쟁이 격화되고 있다.

반도체 중에서 우리나라는 디램과 낸드 등 메모리 반도체에 강점을 가지고 있지만 비메모리(시스템) 반도체 분야에서는 미국, 대만 등에 밀린다. 이차전지 산업의 경우 소재, 셀 분야에서는 강점이 있지만 리튬, 니켈, 코발트, 망간, 흑연 등 핵심 광물을 대부분 수입에 의존하고 있다는 취약점이 있다.

앞서 우리는 우리나라 주요 기업과 주력 산업에 대해 살펴봤다. 그런데 사실 일자리 측면에서 우리 경제를 지탱하는 건 중소기업이다. 중소기업은 과거에는 상시근로자수, 자기자본, 3년 평균 매출액 등을 기준으로 그 아래에 있는 경우 모두 중소기업으로 봤지만 현재는 업종별 평균매출액 기준을 충족해야 하고 동시에 자산총액이 5,000억 원 미만이어야 중소기업에 해당한다.

이런 기준에 따라 우리나라 전체 기업에서 중소기업이 차지하는 비중은 99.9%, 대기업은 0.1%에 불과하다. 고용규모도 중소기업이 81.3%를 차지하지만 대기업은 18.7%에 그친다. 다만, 국가경제를 이끄는 힘으로 볼 수 있는 매출액은 중소기업이 47.2%, 대기업이 52.8%를 담당해 대기업의 역할이 더 큰 것으로 해석할 수 있다.

국내 기업의 99.9%가 중소기업이고 이들이 만드는 일자리가 81.3%에 달하지만 임금수준은 취약하다. 한국경영자총협회에 따르면 우리나라 중소기업 근로자의 월평균 임금은 301만 6,000원이지만 대기업 근로자 임금은 504만 2,000원이다. 중소기업 근로자들은 임금 대기업 금로자의 60% 수준에 그친다. 일본의 경우 68%, 유럽연합EU은 75%로 우리나라보다 높다.

기업경쟁력 못 따라오는 법인세

우리나라 기업들은 글로벌 무대에서 피땀 흘리며 경쟁하고 있지만 정작 국내 환경은 좋다고 보기 어렵다. 여전히 사회 저변에는 '반기업 정서'가 강하게 자리잡고 있다. 잊을 만하면 터져 나오는 일부 기업과 오너, 재벌 총수 등의 범죄, 일탈이 반기업 정서를 자극한다. 기업이 주주이익을 고려하지 않는 의사결정을 내리는 일도 자주 발생한다. 핵심, 알짜 사업을 물적분할한 후 재상장하는 사례가 대표적이다. 기존 주주는 가만히 앉아서 손해를 보게 된다.

번잡하고 높은 법인세 부담도 기업 경쟁력을 갉아 먹는 요인 중 하나다. 2022년 법인세법 개정으로 국내 기업의 법인세 명목 최고세율은 25%에서 24%로 1%포인트 내려갔지만 여전히 경제협력개발기구OECD 평균에 비해 높은 수준이다. 법인세 인하 전 자료를 보면 2022년 기준으로 OECD 평균 법인세 명목 최고세율(지방세 포함)은 23.1%지만 우리나라는 27.5%에 달한다.

기업의 실제 법인세 부담을 나타내는 유효세율Effective corporate tax rates 현황은 더 참담하다. 유효세율은 명목 최고세율과 각종 공제제도, 물가, 이자율 등을 종합적으로 고려했을 때 해당 국가의 기업이 적용받을 것으로 예상되는 법인세 부담 수준을 나타낸다. OECD는 2017년부터 유효세율 통계를 발표하고 있다. 한국경영자총협회가 2022년에 낸 보고서를 보면 2017년 대비 2021년 우리나라의 법인세 유효세율이 가장 큰 폭으로 증가했다. 우리나라 법인세 유효세율은 2017년 21.8%에서 2021년 25.5%로 뛰어 통계 작성 대상국인 OECD 37개국 중 가장 높은 상승폭을 기록했다. 2021년 기준으로 법인세 유효세율이 우리나라보다 높은 곳은 칠레(37.7%), 호주(28.9%), 독일(27.8%), 일본(26.5%), 프랑스(26.4%) 등 8개국뿐이다.

또 법인세율이 4개의 과표구간에 따라 9%, 19%, 21%, 24%로 나눠져 있는 것도 글로벌 스탠다드에 부합하지 않는다. 법인세 과표구간이 4개 이상인 곳은 OECD 회원국 중 우리나라와 코스타리카뿐이다. 미국, 영국, 독일, 스위스, 오스트리아 등은 과표구간을 하나로 해 모든 기업에 동일한 법인세율을 적용한다. 일본과 프랑스, 네덜란드 등은 과표구간이 2개에 불과하다. 과표구간이 여러 단계로 나눈 것은 기업 규모별로 누진세율을 적용하고 있다는 뜻이다.

무역수지
경상수지

우리나라 경제와 산업은 대외 의존도가 상당히 높다. 국내총생산GDP에서 수출이 차지하는 비중이 37.9%(2021년)에 이를 정도로 높다. 세계 최대 경제대국 미국은 이 비율이 10%에 불과하다. 미국은 소비가 GDP에서 차지하는 비중이 70%에 달할 정도로 내수가 경제, 산업에서 가장 중요한 부분을 차지한다.

대외 의존도가 높기 때문에 다른 경제지표보다 무역수지, 경상수지 등 국제수지 통계가 중요하다. 무역수지, 경상수지는 우리 기업들이 얼마나 돈을 잘 벌고 있는지 나타낸다. 무역수지든 경상수지든 하나라도 마이너스(적자)를 기록하면 여지없이 환율이 뛰고 우리 경제, 산업, 기업은 휘청거린다. 둘 다 마이너스를 기록하는 건 최악의 상황이다. 우리나라 경기만 나쁜 게 아니라 전 세계 경기가 나쁘다는 신호로 볼 수 있기 때문이다.

세관 통과해야 무역수지

우리나라 경제가 얼마나 튼튼한지, 우리 기업들이 장사를 얼마나 잘 하고 있는지 보려면 우선 관세청이 매달 발표하는 '수출입 현황' 통계를 살펴봐야 한다. 관세청이 무역통계를 발표하는 이유는 무역수지 통계 작성의 기초가 되는 상품의 수출, 수입이 모두 세관 신고를 기준으로 하기 때문이다. 수출이든 수입이든 세관을 통과해야 통계에 잡힌다는 뜻이다. 따라서 관세청이 작성, 발표하는 수출입 통계와 이에 기반한 무역수지에는 우리나라 기업이 해외에서 생산해 해외에 판매한 상품 수출은 포함되지 않는다. 반도체, 휴대폰, 자동차, 이차전지 등 국내 주요 산업의 해외 생산이 활발한데 대부분 무역수지 통계에 잡히지 않는다는 한계가 있다.

무역수지는 세관을 통과한 수출액과 수입액의 차이를 나타낸다. 우리 기업들이 국내에서 만든 물건을 해외에 많이 팔면 수출이 늘고 무역수지 흑자폭이 확대된다. 반대로 우리나라 수입액의 23%(2023년 기준)를 차지하는 원유, 가스 등 에너지 수입이 늘면 무역수지는 악화된다. 아무리 해외에 물건을 잘 팔아도 에너지 가격이 급등하면 무역수지는 적자를 면하기 어렵다.

2022년만 봐도 수출액은 2021년에 기록한 사상최대 수출액

(6,444억 달러)을 다시 경신하며 6,839억 달러를 기록했다. 반도체 수출은 2022년 하반기부터 디램 가격 하락으로 고전 중이지만 2021년 5월부터 2022년 9월까지 17개월 연속 월 100억 달러 수출을 돌파하며 2022년 사상 최대인 1,292억 달러 수출을 기록했다. 자동차 수출도 2022년 541억 달러로 사상 최대 실적을 거뒀다. 이차전지 수출도 전기차 수요 확대로 2022년 100억 달러를 기록하며 역시 사상 최대 기록을 세웠다.

하지만 러시아-우크라이나 전쟁으로 에너지 가격이 급등하며 에너지 수입이 크게 늘어나 사상 최대 규모의 무역수지 적자(477억 달러)가 발생했다. 2022년 에너지 수입은 2021년 대비 784억 달러나 급증하며 대규모 무역적자를 낳았다.

연도별 무역수지

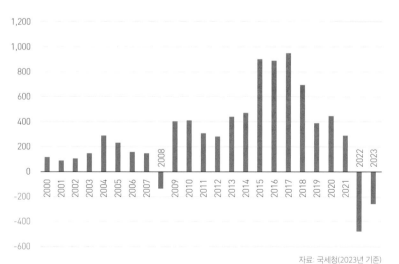

자료: 국세청(2023년 기준)

외국인 배당, 해외여행지출 포함하는 경상수지

무역수지는 우리나라 세관을 통과한 상품의 수출입 실적만 포함한다. 따라서 자본 거래와 서비스 거래를 동반한 달러의 유입, 유출은 제외된다. 우리 기업이 해외에서 생산해 수출하는 중계무역도 빠진다. 무역수지에 포함되지 않는 이런 것들을 다 포함하는 국제수지가 경상수지다. 무역수지는 매달 관세청에서 발표하지만 경상수지는 한국은행에서 매달 발표하고 있다.

경상수지는 상품수지, 서비스수지, 본원소득수지, 이전소득수지 등 4개 항목으로 구성된다. 상품수지는 무역수지와 거의 동일한 개념이지만 무역수지에 포함되지 않는 가공무역, 중계무역이 포함된다는 점에서 차이가 있다. 또, 예를 들어 조선사에서 선박을 건조하는 경우 선박건조 일정에 따라 선수금, 중도금, 잔금 등을 지급받는데 무역수지는 최종 선박 인도 시점에 모든 선박 건조대금을 한꺼번에 반영하지만 경상수지 내 상품수지에서는 조선사가 돈을 받을 때마다 반영한다.

특히 경상수지에 서비스수지와 본원소득수지가 포함된다는 점에서 우리나라의 대외교역 현황을 조금 더 디테일하게 살펴보기 위해서는 무역수지보다 경상수지 통계를 보는 게 옳다. 다만, 우리 수출 기업들이 대부분 제조업 위주라는 점과 경상수지에서도 상품수지의 수출과 수입이 절대적인 비중을 차지한다는 점을 고려하면 우리 경제, 산업이 처한 상황은 무역수지와 상품수지만 봐도 크게

경상수지 구성 요소

상품수지	서비스수지	본원소득수지	이전소득수지
재화의 수출입 격차	운송·여행 지적재산권 사용료 등의 거래	원금·배당 이자 흐름	개인 송금, 기부 원조 등 무상으로 주고받는 거래

틀리지 않는다.

경상수지 통계를 보면 한 가지 흥미로운 대목이 있다. 경상수지 중 본원소득수지 항목은 우리나라 국민, 기업이 해외에서 얻는 임금, 배당, 이자 소득과 외국인이 국내에서 얻는 임금, 배당, 이자 소득을 반영한다. 임금, 이자는 사실 매달 크게 바뀌기 어렵다. 하지만 배당은 다르다.

우리나라 기업 대부분이 12월 결산법인이다. 12월 결산법인의 배당금 지급은 보통 이듬해 3월 주주총회에서 확정되며 4월에 지급된다. 옆의 표는 2017~2021년 코스피, 코스닥 시장 상장기업 중 12월 결산법인의 외국인 배당금 지급 규모를 보여준다. 외국인 투자자들이 해마다 4월에 8~14조 원의 배당금을 받아간다.

연도별 외국인 배당금 지급액

단위: 억 원

연도	배당금
2017년	89,577
2018년	85,927
2019년	81,229
2020년	141,349
2021년	99,399

자료: 한국예탁결제원

이 때문에 경상수지 중 본원소득수지는 해마다 4월이면 마이너스 (적자)를 기록한다. 따라서 본원소득수지가 적자를 기록하는 게 확정적인 4월에도 경상수지가 흑자를 기록한다면 그만큼 우리나라의 대외 교역 상황이 좋다고 해석할 수 있다.

반도체 산업
분석 전망

컴퓨터, 스마트폰, 자동차, 가전제품 등 우리가 일상생활에서 사용하는 거의 모든 제품에 반도체가 들어간다. 반도체 없이는 아무것도 할 수 없는 세상이다. 반도체가 '산업의 쌀'이라고 불리는 것도 같은 맥락이다.

우리 삶은 물론 국가 경제, 산업과 직결되는 반도체. 다행스러운 건 반도체(엄밀하게는 메모리 반도체)가 대한민국에서 가장 크고 중요한 산업이라는 점이다. 반도체 산업은 대한민국 경제를 이끄는 선발투수 역할을 하고 있다. 한국 경제를 이끄는 초거대기업 삼성전자는 스마트폰, 가전제품도 만들지만 기본적으로 반도체 기업이다. SK하이닉스는 반도체 사업이 전부다. 삼성전자와 SK하이닉스를 중심으로 한국 반도체 산업 생태계가 형성돼 있다. 2020년 매출

국가별 반도체 시장 점유율

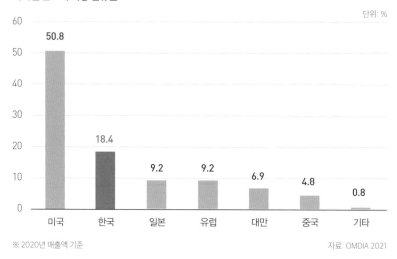

단위: %

※ 2020년 매출액 기준

자료: OMDIA 2021

한국 반도체 수출 규모와 비중

■ 반도체 수출(억 불) ─○─ 전체산업 중 비중

액 기준으로 한국은 전 세계 반도체 시장 점유율 2위, 메모리 반도체 점유율 1위를 기록했다.

한국 반도체 산업은 수출도 사실상 주도하고 있다. 2018년의 경우 전체 수출에서 반도체 수출 금액 비중은 20.9%로 사상 처음 20%를 돌파했다. 2021년 말 기준 수출 비중도 19.9%에 달한다. 반도체가 부진하면 우리나라 수출도 부진할 수밖에 없는 구조가 됐을 정도다. 메모리 반도체 업황 악화가 이어지면서 반도체 수출 역성장(전년동월대비 수출 감소)은 2022년 8월부터 2023년 4월까지 8달 동안 지속됐다. 반도체 수출 부진의 여파로 한국의 무역적자도 눈덩이처럼 불어났다.

반도체 시장, 산업을 한 눈에

우선 전 세계 반도체 시장 규모부터 살펴보자. 전 세계 반도체 산업에서 발생하는 매출을 기준으로 2022년 기준 시장 규모는 5,800억 달러로 추정된다. 2023년에는 메모리 가격 하락으로 시장 규모가 5,100억 달러 쪼그라들었다. 대략적으로 전 세계 스마트폰 시장 규모보다 약간 크거나 비슷한 수준이다. 전체 자동차 산업 중 신차 시장만 연간 2조 달러에 달하기 때

세계 반도체시장 규모

단위: 억 원

연도	규모(백만 달러)
2018	468,778
2019	412,307
2020	440,389
2021	555,893
2022	574,084
2023	515,095
2024	575,997

※ 2023년은 추정치, 2024년은 전망치.

자료: WSTS(세계반도체시장통계기구)

반도체 시장, 업체 구분

메모리(30%)		비메모리(70%)		
디램(60%)	낸드(40%)	종류(용도)	팹리스	파운드리
삼성전자 SK하이닉스 마이크론	삼성전자 SK하이닉스 웨스턴디지털 키옥시아 마이크론	GPU (인공지능)	엔비디아, AMD	TSMC(대만) 삼성전자 글로벌파운드리(미국) UMC(대만)
		CPU(컴퓨터, 노트북)	AMD 인텔(설계+생산=IDM)	
		AP (스마트폰)	퀄컴 하이실리콘(화웨이), 삼성전자, 미디어텍(대만)	
		CIS (스마트폰)	소니(설계+생산=IDM) 삼성전자(설계+생산=IDM)	
		DDI (디스플레이)	노바텍(대만), 실리콘웍스 삼성전자	

문에 글로벌 시장에서 보면 반도체보다 자동차 시장이 훨씬 크다. 5,000~6,000억 달러로 추산되는 전 세계 반도체 시장은 다시 메모리와 비메모리로 구분된다. 우리나라 업체들이 꽉 잡고 있는 메모리 반도체 시장은 전체의 30%밖에 되지 않는다. 나머지 70%는 시스템 반도체로 불리는 비메모리 시장이다.

메모리 반도체는 다시 D램 60%, 낸드 40%로 나뉜다. D램은 컴퓨터, 노트북, 서버의 속도와 직결된다. 낸드는 저장 용량을 좌우한다. 낸드 플래시가 적용되는 대표적인 상품이 HDD(하드 디스크 드라이브)를 대체하고 있는 SSD(솔리드 스테이트 드라이브)다.

D램 시장은 글로벌 과점 상태다. 삼성전자가 2023년 4분기 기

준으로 45.5%의 압도적인 점유율을 기록하고 있다. 그 뒤를 SK하이닉스가 31.8%로 쫓고 있다. 미국의 마이크론은 19.2%로 점유율 3위를 기록 중이다. 3개 업체의 점유율 합계가 96.5%에 달한다. 많은 업체들이 있었지만 메모리 반도체 사이클을 견디지 못하고 3개 업체 과점 상태가 굳어졌다. 낸드는 D램보다 많은 업체가 시장을 고루 점유하고 있다. 낸드 역시 삼성전자가 2023년 4분기 기준 31.4%로 글로벌 시장 점유율 1위다. 2위는 SK하이닉스로 21.6%의 시장점유율을 기록 중이다. 3위는 웨스턴디지털WDC로 14.5%를 차지하고 있다. 일본의 키옥시아 점유율은 12.6%까지 떨어졌다. SK하이닉스 점유율은 인텔의 낸드 사업부 솔라다임을 90억 달러에 인수해 2위로 올라왔다.

전체 반도체 시장의 70%를 차지하는 시스템 반도체는 크게 컴퓨터 중앙처리장치인 CPU와 스마트폰에 들어가는 AP, 이미지센서인 CIS, 디스플레이용 반도체인 DDI, 인공지능 구현에 들어가는 그래픽카드인 GPU 등이 있다. 시스템 반도체 시장은 삼성전자, SK

하이닉스와 같은 종합반도체기업IDM이 존재하지 않고 글로벌 분업 구조를 갖는 게 특징이다. AMD, 엔비디아, 퀄컴 등 팹리스Fabless에서 필요로 하는 반도체를 설계하면 디자인 하우스에서 설계 최적화를 진행하고 파운드리Foundry 전문 업체에서 위탁 생산을 하는 구조다.

반도체 공정은 워낙 복잡하고 초미세공정이 많아 설계대로 생산을 할 수 있는 업체가 많지 않다. 특히 글로벌 시장에서 5나노(㎚) 이하 초미세공정이 가능한 파운드리 업체는 현재 대만의 TSMC와 우리나라 삼성전자 2곳뿐인 것으로 알려졌다. 2023년 4분기 기준으로 TSMC의 파운드리 시장점유율은 61.2%에 달한다. 파운드리 시장을 TSMC가 거의 독차지하고 있다고 해도 지나치지 않다. 삼성전자도 열심히 하고 있지만 점유율은 오히려 떨어지고 있다. 2022년 4분기 15.8%에서 2023년 4분기 11.3%로 점유율이 크게 하락했다.

미중 반도체 전쟁

최근 반도체 산업의 최대 화두는 미국과 중국 간의 반도체 전쟁이다. 사실 미국이 반도체 전쟁을 벌인 건 이번이 처음이 아니다. 1980년대 미국은 일본 반도체 산업이 부상하자 일본과 반도체협정을 맺었고 그 결과 일본의 반도체 산업은 사실상 세계 시장에서 힘을 잃게 됐다. 대신 일본 업체들은 반도체 소재 분야에 집중해 반도체 밸류체인에서 중요한 역할을 맡고 있다.

현재 벌어지고 있는 미중 반도체 전쟁Chip War은 미일 반도체 전쟁과는 또 다른 양상이다. 중국 업체들이 부상하고 있는 것도 미국 입장에서는 달갑지 않지만 그보다 미국이 추진하는 핵심 산업의 공급망 재편 전략과 맞닿아 있다. 엔비디아, AMD, 퀄컴, 애플 등 미국 기업들은 첨단 반도체 설계 능력은 있지만 칩을 직접 생산하지 않는다. 칩 생산은 대만의 TSMC 등이 대신하고 있는데 하나의 중국One China 정책을 펼치는 중국이 언제 대만을 침공해 TSMC를 접수할지 알 수 없다. 중국과 대만 간에 군사적 긴장이 높아지면 미국 실리콘밸리 기업들이 주도하는 인공지능AI, 자율주행 등 첨단 산업이 타격을 받게 된다. 반도체 전쟁 결과 글로벌 기업들이 미국에 공장을 짓기로 하면서 미국 내 일자리 창출 효과도 크게 나타나고 있다. 백악관에 따르면 바이든 정부 출범 이후 글로벌 반도체 기업들이 발표한 미국 투자계획 총 2,000억 달러에 달한다. 2,000억 달러 중 1,400억 달러는 2022년 반도체법Chips Act 통과 이후 발표됐다.

미중 반도체 전쟁은 삼성전자와 SK하이닉스 등 한국 반도체 기업들에게 기회 요인인 동시에 위기 요인이 되고 있다. 우선 기회 측면에서는 중국 반도체 업체들의 미국 진출, 미국 수출 등이 사실상 막히면서 한국 기업들이 반사 이익을 누릴 수 있다는 점이 꼽힌다. 중국 반도체 업체들은 미국과 네덜란드, 일본 등의 세계적인 반도체 장비회사들로부터 첨단 반도체 장비 수입을 제대로 못하고 있다. 중국 반도체 굴기에 내심 시장 잠식을 우려했던 한국 업체들 입장에서는 다행스러운 일이다.

중국이 2023년 5월 세계 3위 D램 업체인 미국 마이크론 수입 제한에 나선 것도 한국 업체들에게 기회가 될 수 있다는 분석이 많았다. 마이크론의 대 중국 매출 비중은 2022년 기준으로 11%(33억 달러)에 달했다. 하지만 실제로 삼성전자와 SK하이닉스가 반사이익을 크게 봤다는 얘기는 들리지 않는다.

오히려 미중 반도체 전쟁은 중국에 많은 공장을 갖고 있는 우리 반도체 기업에 타격을 주고 있다. 미국은 반도체법을 통해 중국을 북한, 러시아, 이란 등과 함께 우려대상국으로 분류하고 미국에서 보조금을 받기 위해서는 중국 내 반도체 공장 시설 업그레이드를 제한했다. 삼성전자는 중국 시안 1~2공장에서 전체 낸드플래시의 40%를 생산 중이다. 시안 반도체 공장 투자금만 258억 달러에 달한다. SK하이닉스는 우시와 다롄 공장에서 D램과 낸드플래시를 각각 40%, 20% 생산하고 있다. 특히 SK하이닉스는 다롄 낸드 공장을 인텔에서 90억 달러에 인수했다.

미중 반도체 패권 경쟁의 산물이 반도체법이다. 총 2,782억 달러를 쏟아부어 미국을 반도체 생산, 연구개발의 중심 국가로 만들겠다는 법이다. 미국 기업이나 관련 기관에 들어가는 예산이 대부분이고 한국, 대만, 일본 등의 반도체 기업들이 미국에 공장을 지을 때 받을 수 있는 보조금 예산은 390억 달러다. 반도체 생산 세액공제 240억 달러도 한국 기업들이 받을 수 있는 혜택이다.

반도체법에 따라 보조금을 받기 위해서는 미국이 내거는 조건을 충족해야 한다. 미국 우선 공급, 보육시설 제공 등의 조건은 부차적이다. 상세 회계 자료 제출, 반도체 시설 접근 허용 그리고 초과이익 공유, 중국 공장 증설 제한 등의 조건은 논란을 낳고 있다. 미국 공장에 대한 모든 정보를 미국 정부가 통제하겠다는 뜻을 담고 있는데 주요 기술, 영업 기밀 유출 우려가 제기된다. 또, 예상보다 많은 수익을 거두는 경우 지급된 보조금의 최대 75%를 회수하는 초과이익 공유Upside sharing 조항은 수익성을 제한하는 조치로 해석된다. 중국 공장 증설이 10년간 5%(첨단), 10%(레거시) 제한받는 것도 중국 생산 비중이 높은 한국 업체들에겐 과도한 조건이다.

이차전지 산업
분석 전망

　이차전지 시장이 뜨겁다. 이차전지 산업이 '제2의 반도체 산업'
이 될 것이라는 전망도 나온다. 국내 상장 기업 시가총액 3위가 이
차전지 완성품(셀)을 만드는 LG에너지솔루션(시가총액 93조 9,500억 원,
2024년 2월 29일 종가 기준)이다. 코스닥 시가총액 1위(에코프로비엠), 2위
(에코프로)도 이차전지 소재 기업이다. 얼마 전까지만 해도 이차전지
산업은 기대주, 유망주에 불과했지만 지금은 우리나라 경제를 이
끄는 핵심 산업으로 떠올랐다.

　이차전지 산업이 2020년대 들어 성장 본궤도에 오른 건 내연기
관차 시대가 저물고 있기 때문이다. 테슬라가 앞에서 끌고 뒤에서
벤츠, BMW, 현대차 등이 바짝 추격하면서 전 세계 전기차 시장은
해마다 폭풍 성장 중이다. SNE리서치에 따르면 2020년 글로벌 전

기차(순수 전기차+플러그인 하이브리드) 판매량은 320만 대였지만 2021년 671만 대, 2022년 1,054만 대로 2년 사이 3배 이상 증가했다. 2023년에는 1,407만 대가 판매됐다. 2024년 예상 판매 대수는 1,641만 대다. 전기차 판매가 늘어나고 있지만 성장률이 2021년 109%에서 2022년 56.9%, 2023년 33.5%, 2024년 16.6%로 낮아지고 있는 것은 시장에서 위험신호로 인식하고 있다.

전기차 보급이 해마다 급증하면서 전기차용 이차전지(EV배터리) 수요도 가파르게 늘고 있다. 글로벌 EV배터리 신규 사용량은 2020년 147GWh에서 2022년 509GWh까지 증가했다. 2023년에는 706GWh까지 늘었다. 맥킨지는 2030년 전 세계 EV배터리 시장 규모가 4,300GWh가 될 것으로 내다보고 있다. 배터리 밸류체인의 글로벌 연간매출은 2022년 850억 달러에서 2030년 4,000억 달러로 5배 성장할 것으로 전망했다.

온실가스 규제, 탄소중립 등 이슈로 유럽을 비롯해 전 세계 많은 나라들이 빠르면 2025년, 늦어도 2030~2040년에는 내연기관차 판매를 금지하고 나선 것도 이차전지 산업이 계속해서 성장할 수밖에 없는 원인을 제공하고 있다.

이차전지의 구조

이차전지는 방전된 후에도 충전을 해서 재사용이 가능한 전지

이차전지(전기차용 배터리) 4대 핵심소재

소재	기능	원재료	배터리 원가 비중
양극재(Cathode)	리튬 이온 소스로 배터리 용량과 평균 전압 결정	리튬, 니켈, 코발트, 망간, 알루미늄	47%
음극재(Anode)	양극에서 나온 리튬이온을 저장, 방출하면서 전류를 흐르게 함. 배터리 충전속도와 수명 결정	흑연, 실리콘	12%
분리막(Seperator)	양극과 음극의 접촉을 차단, 이온만 통과해야 함	폴리에틸렌, 플리프로필렌	14%
전해액(Electrolyte)	리튬 이온이 원활하게 이동하도록 돕는 매개체. 전지의 수명, 안전성과 밀접	전해질염, 유기용매, 첨가제	12%

자료: 원가비중은 하이투자증권 보고서에서 인용

를 말한다. 일차전지는 우리가 흔히 사용하는 알카리 전지처럼 방전되어 재사용이 불가능하다. 오늘날 이차전지의 표준이 된 리튬이온 이차전지는 1991년 일본 소니사가 최초로 상업화에 성공해 노트북, 휴대전화 등에 먼저 사용되기 시작했다. 최근에는 이전과 비교할 수 없을 정도의 대용량 이차전지가 전기차에 탑재되고 있다. 이차전지는 전기차 원가의 40%를 차지하는 핵심 부품이다.

이차전지의 작동원리를 보면 이론적으로는 심플하다. 양극에 있던 리튬이온이 음극으로 이동하면 충전되고 음극에 있던 리튬이온이 양극으로 이동하면 전기를 만든다. 양극(재)은 이차전지의 용량과 전압을 결정하고 음극(재)은 배터리 충전속도와 수명을 결정

차종별 배터리 탑재량

단위: kwh

차종	소형차	보급형 승용차	고급 승용차	SUV	픽업트럭
탑재량	35	50~60	75~80	95	120

자료: 케이프투자증권리서치본부

한다. 분리막은 양극과 음극의 접촉을 막고 전해액에 이물질이 침투하지 못하도록 막아준다. 전해액은 리튬이온이 양극-음극을 원활하게 이동하도록 돕는다. 양극재, 음극재, 분리막, 전해액은 이차전지의 4대 핵심소재다. 이차전지 원가에서 양극재가 차지하는 비중이 40~50%로 가장 높다. 양극재는 이차전지 용량(에너지 밀도)과 직결되고 차량의 무게, 부피에 영향을 주기 때문에 가장 중요한 소재로 평가받는다.

이차전지의 용량은 Wh(와트시)로 표시한다. 1Wh의 배터리는 1V(볼트)의 전압으로 1A(암페어)의 전류를 한 시간 동안 흘릴 수 있는 전력을 갖고 있다. 보통 순수 전기차BEV 한 대에는 40~70kWh 수준의 배터리가 탑재된다. 스포츠유틸리티SUV의 경우 100kWh 정도의 배터리가 필요하고, 미국인들이 유독 사랑하는 픽업트럭은 120kWh가 기본이다. 플러그인 하이브리드PHEV에는 10~15kWh의 배터리가 들어간다.

국내 이차전지 소재 밸류체인

국내 이차전지 산업 생태계는 원자재만 빼면 거의 소재부터 완성품(셀)까지 완벽하게 구축돼 있다고 해도 지나치지 않다. 반도체 산업의 경우 삼성전자와 SK하이닉스 등 메모리 반도체 반도체 위주의 종합반도체기업IDM이 최상위에 있고 그 아래 소재, 부품, 장비 업체들의 생태계가 구축되어 있다. 핵심 장비의 미국 등 해외 의존도도 높다. 하지만 이차전지산업은 4대 핵심소재(양극재, 음극재, 분리막, 전해액) 기업들이 전체 배터리 산업 생태계를 이끌고 있다. 물론 셀3사(LG에너지솔루션, 삼성SDI, SK온)가 시가총액이나 매출 면에서 규모가 압도적으로 크지만 국내 소재 업체들은 글로벌 경쟁력을 갖추고 있어 셀 업체들과 대등한 위치에서 이차전지 산업 생태계의 중심축으로 지리매김했다.

특히, 이차전지 원가의 40~50%를 차지하고 배터리의 용량, 성능을 결정하는 양극재 업체들이 이차전지 생태계를 사실상 좌지우지 하고 있다. 국내 셀 제조사들은 국내 양극재 업체들과 협업하지 않으면 배터리 생산이 불가능하기 때문이다. 국내 양극재 제조사들은 삼원계, 사원계 배터리 기술력까지 갖춰 '슈퍼을ㄹ'의 위상을 갖췄다는 평가다.

국내 양극재 업체들은 중국을 제외한 사실상 글로벌 시장에서 주로 사용되는 삼원계, 사원계 양극재 시장에서 두각을 나타내고 있다. 삼원계는 양극재 소재로 NCM(니켈, 코발트, 망간), NCA(니켈, 코

주요 양극소재별 특성

양극소재	주요 특성
NCM	○ 에너지 밀도 높아 주행거리가 길고 배터리 성능 안정적 ○ 현재 가장 많이 이용되고 있음
NCA	○ 타 소재에 비해 출력과 에너지 밀도가 높지만 수명이 짧음 ○ 전기차용으로 확대 추세
LFP	○ 코발트 대신 철을 사용하므로 저렴하고 안정성 높음 ○ 순도 및 전기전도도 등 성능측면에서 개선 필요

발트, 알루미늄)을 조합해 사용한다. 물론 리튬은 기본인데, 삼원계 배터리에는 탄산리튬$_{Li2CO3, Lithium Carbonate}$이 아니라 수산화리튬$_{LiOH, Lithium Hydroxide}$이 사용된다. 탄산리튬은 양극재로 LFP(리튬, 인산철)를 사용하는 배터리에 들어간다. 사원계 NCMA(니켈, 코발트, 망간, 알루미늄) 배터리도 국내 양극재 업체가 생산하고 있으며 역시 수산화리튬을 사용한다.

삼원계 배터리, 사원계 배터리, LFP배터리 모두 양극재의 구성 성분을 기준 분류한 용어다. 이차전지에서 양극재가 얼마나 큰 비중을 차지하는지 알 수 있는 대목이다. SNE리서치에 따르면 4대 핵심소재의 글로벌 시장 규모는 2022년 549억 달러(70조 원)에 이른다. 이 중 양극재가 60% 이상을 차지한다. 삼원계 양극재 시장에서 출하량 기준으로 2022년 글로벌 시장 점유율 1위를 기록한 곳은 한국의 에코프로비엠이다. LFP 양극재는 중국 업체들이 글로벌 시장 90% 이상을 석권하고 있다. 국제에너지기구$_{IEA}$가 2023년 2월에 발간한 '글로벌 전기차 전망 2023'에 따르면 2022년 글로벌 양극재 시장 점유율은 NCM 60%, LFP 30%, NCA 8% 등이다.

한국의 양극재 업체들은 높은 기술을 바탕으로 글로벌 경쟁력을 갖추고 있다. 국내 양극재 업체들은 전기차의 출력을 높이고 주행거리를 늘리는 하이니켈(니켈 함량 80% 이상) 양극재 분야를 선도하고 있다. 니켈 비중을 높이고 코발트 비중을 줄이면 배터리의 안정성이 떨어질 수 있는데 안정성을 해치지 않으면서 배터리 성능을 끌어올리는 게 핵심 기술이다. 최근 일부 업체는 니켈 함량을 90% 이상 높인 '울트라 하이니켈' 양극재까지 양산에 들어갔다. 울트라 하이니켈은 K-배터리, K-양극재 초격차 기술로 평가받는다.

전기차 시장이 해마다 크게 성장하면서 국내 양극재 업체들의 생산능력 확충(공장 신증설)도 계속되고 있다. 보통 1kWh 배터리에 필요한 양극재는 1.6kg 정도다. 따라서 전기차 한 대에 평균 60kWh의 배터리가 필요하다면 필요한 양극재는 약 100kg 정도가 된다. 1만 톤의 양극재를 생산하면 전기차 10만 대를 만들 수 있다. 2030~2040년대가 되면 대략 연간 3,000~4,000만 대의 전기차 신규 수요가 발생할 것으로 보인다. 이 경우 필요한 양극재 규모는 대략 연간 300~400만 톤이다.

이 때문에 국내 양극재 업체들은 국내, 해외 공장 신증설에 박차를 가하고 있다. 국내, 세계 1위 에코프로비엠의 경우 2021년 말 연산 7만 8,000톤 규모에서 2022년 18만 톤, 2023년 19만 톤, 2024년 28만 톤, 2027년 71만 톤으로 하이니켈 양극재 생산규모를 늘릴

계획이다. 엘앤에프는 2026년 40만 톤 이상 양극재를 생산할 예정이다. 포스코퓨처엠은 2025년 34만 톤, 2030년 100만 톤 생산계획을 갖고 있다. LG화학은 2026년 47만 톤 생산계획을 발표했다.

국내 양극재 업체들의 높은 기술력과 고속성장은 세계 시장에서 높은 점유율을 확보하고 있는 국내 셀 제조사들이 있기 때문이다. 셀 제조사는 양극재, 음극재 등 소재를 받아서 배터리를 최종 완성해 전기차 업체들에 납품한다. SNE리서치에 따르면 중국을 제외한 시장에서 국내 셀 메이커는 2023년 시장점유율 1위(LG에너지솔루션), 4위(SK온), 5위(삼성SDI)를 각각 기록했다.

LG에너지솔루션, SK온, 삼성SDI 등 국내 셀 메이커 3사는 앞으로 전기차 최대 격전지가 될 미국 시장 진출에 박차를 가하고 있다. 미국은 중국 유럽과 함께 현재 지구상에서 가장 큰 자동차 시장이다. 그런데 아직 미국 시장의 전기차 침투율은 10% 남짓이다. 바이든 대통령은 2030년 50% 침투율 목표를 제시했다. 신영증권에 따르면 미국 시장의 전기차 판매는 2025년 462만 대, 2030년 817만 대에 이를 전망이다. 전기차 보급에 따른 배터리 수요는 2025년 348GWh, 2030년 738GWh다.

보통 전기차 한 대당 필요한 배터리는 60~70kWh다. 하지만 미국은 훨씬 많은 배터리 수요가 있을 전망이다. 왜냐하면 미국인들이 즐겨 타는 대형 픽업트럭이 전기차로 전환될 때 100kWh가 넘는 배터리를 필요로 하기 때문이다. 포드 F-150 라이트닝 전기픽업트럭의 경우 스탠다드모델은 98kWh, 확장모델은 131kWh의 배터리를 탑재하고 있다.

　국내 배터리 셀 메이커와 소재 업체들이 정조준하고 있는 시장도 바로 미국이다. 미국은 중국 셀 메이커와 소재 업체들이 활동하는데 많은 제약이 따르기 때문에 결국 한국과 일본 업체들이 시장을 석권할 가능성이 높다. 일부 중국 업체들의 활약이 있을 수 있지만 제한적일 것으로 보인다. 미국은 반도체 배터리 등 핵심 산업의 공급망에서 중국 의존도를 계속해서 낮춰나갈 계획이다. LG에너지솔루션은 미국 애리조나주 퀸크릭에 총 7조 2,000억 원을 투자해 신규 원통형 및 에너지저장장치ESS LFP배터리 공장을 짓는다. 총 43.3GWh 규모로 북미 지역에 위치한 글로벌 배터리 독자 생산 공장 중 최대 규모다. 이미 미국 조지아 1, 2공장에서 20GWh의 배터리를 생산 중인 SK온은 포드와 15조 원을 투자해 2025년부터 미국 켄터키주와 테네시주에서 연간 129GWh의 전기차용 배터리를 생산한다.

이차전지의 구조

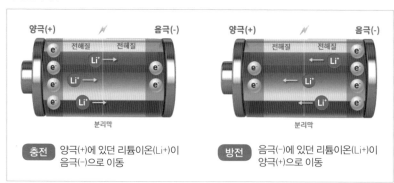

자료: 포스코퓨처엠 홈페이지

국내 배터리 밸류체인에서 음극재, 분리막, 전해액도 중요도가 높지만 양극재에 비해 덜 주목받고 있다. 양극재가 배터리 성능, 주행거리와 연결된다면 음극재는 배터리 충전시간과 밀접하다. 흑연을 소재로 사용하고 있지만 충전속도를 높이기 위해 최근 실리콘Silicon을 첨가한 실리콘 음극재가 대세로 부상하고 있다. 실리콘 음극재는 충전시간을 20~30% 단축하지만 충전과 방전을 반복할 때 폭발 위험이 올라가는 문제가 개선과제로 꼽힌다.

국내 업체인 SK아이이테크놀로지SKIET는 습식 분리막 시장에서 최강자 중 한 곳이다. 분리막은 양극과 음극을 분리해 접촉을 차단하는 얇고 강한 막이다. 누가 얼마나 강하고 얇은 막을 잘 만드는 지가 경쟁력의 핵심이다. 배터리 안전과 밀접한 관련이 있다. 배터리 성능과 직접 연결되는 소재는 아니다 보니 상대적으로 관심도가 떨어진다. 건식보다는 습식이 기술적으로 어렵고 단가도 비싸지만 장점이 많아 습식 분리막 시장이 건식보다 크게 형성돼 있다.

전해액은 리튬 이온이 양극과 음극을 잘 왔다갔다 할 수 있도록 돕는다. 전해질염(리튬염), 용매, 첨가제 등으로 구성되며 가장 중요한 건 첨가제다. 첨가제가 전해액에서 가장 비싸고 배터리 안전성과 직결되기 때문이다. LiPF6 전해질염에 LiFSI(F 전해질), LiPO2F2(P 전해질) 등 다양한 첨가제를 추가해 전해액을 만든다. SNE리서치에 따르면 2020년 24만 1,000톤인 글로벌 전해액 수요는 2025년 126만 1,000톤, 2030년 286만 4,000톤으로 늘어날 전망이다.

전해액을 액체가 아닌 고체로 만든 배터리(전고체 배터리)는 이차전지 산업을 한 단계 끌어올리는 '게임체인저'가 될 것으로 평가받는 미래 기술이다. 전해액이 고체가 되면 일단 분리막이 사라지게 되고 배터리 밀도와 안정성이 올라간다. 밀도가 올라가면 에너지 효율이 높아져 같은 무게의 배터리로 더 많은 주행거리를 달릴 수 있다. 안정성이 올라간다는 건 배터리 폭발 위험이 낮아진다는 뜻이다. 문제는 고체전해질 속에서도 리튬 이온이 제대로 왔다 갔다 하도록 만드는 기술이 아직 부족하다는 점이다. 가장 대표적인 황화물계 전고체 배터리의 경우 고체 전해질로 사용하는 황화리튬 가격이 워낙 비싸고 대량으로 구하기 어렵다는 문제점도 안고 있다. 따라서 전고체 배터리 도입은 빨라야 2030년 이후가 될 것이라는 전망이 지배적이다.

이차전지 산업 과제

국내 이차전지 산업 생태계가 잘 구축되어 있지만 과제와 한계가 없지 않다. 무엇보다 핵심 광물과 전구체precursor의 중국 등 해외 의존도가 높다는 점이 가장 큰 문제다. 핵심 광물은 리튬, 니켈, 코발트, 망간, 알루미늄, 흑연 등이다. 전구체는 양극재가 되기 이전 단계의 금속 화합물이다. 삼원계 NCM배터리의 경우 니켈, 코발트, 망간 화합물 형태의 전구체를 수입해 수산화리튬을 더해 양극재를 완성한다. 전구체는 양극재 원가의 70%를 차지한다.

이차전지 핵심 소재 중에서도 가장 중요한 리튬의 경우 양극재에는 수산화리튬, 전해액에는 탄산리튬이 사용된다. 리튬 광물은 남미 '리튬 삼각지대'로 불리는 칠레, 볼리비아, 아르헨티나 외에 호주, 중국 등에서 생산되지만 불순물을 제거하는 정련 과정을 거친 수산화리튬, 탄산리튬은 대부분 중국에서 만들어진다. 당연히 국내 양극재 업체들도 중국에서 대부분의 리튬을 수입하고 있다. 한국무역협회에 따르면 2022년 기준 수산화리튬의 중국 수입 의존도는 87.9%에 달한다. 코발트도 72.8%를 중국에서 수입하고 있다. 음극재 소재인 천연흑연도 중국 수입 비중이 94%에 달한다. 양극재의 핵심 소재인 전구체 역시 중국 수입에 거의 전적으로 의존하고 있다. 한국무역협회에 따르면 국내 수입 전구체의 중국산 비중은 2022년 95.3%에 달한다.

중국 리스크는 LFP배터리의 시장점유율 확대로도 이어지고 있다. 그동안 LFP배터리는 중국 내수용, 저가용 전기차에만 사용될 뿐 글로벌 시장에서는 경쟁력이 없다는 분석이 많았다. 이에 국내 배터리 생태계는 LFP를 외면하고 삼원계 하이니켈 배터리에 사실상 올인해왔다.

하지만 테슬라가 모델3 스탠다드 레인지에 CATL사의 LFP배터리를 탑재하는 등 중국의 LFP배터리가 글로벌 시장 진출에 속도를 내면서 분위기가 바뀌고 있다. LFP배터리의 한계로 지적되어온 낮은 에너지 밀도, 짧은 주행거리 등 문제를 중국 업체들이 빠르게 개선하고 있기 때문이다.

LFP배터리의 공습은 한국 배터리 기업들이 주력으로 삼는 미국 시장에 타격을 줄 가능성도 배제할 수 없다. 미국이 중국 공급망 의존도를 줄이려고 하지만 중국 업체들이 미국에 공장을 지어 LFP 배터리를 저렴하게 생산할 경우 삼원계 배터리로 미국 시장 장악을 노리는 배터리 업체들은 심각한 타격을 입게 된다. 실제로 미국이 2023년 인플레이션 감축법IRA 시행에 들어갔지만 중국 CATL과 포드사는 미국에 합작 공장을 세우기로 했다. 외관은 포드의 배터리 공장이지만 CATL은 배터리 기술을 제공하는 식으로 IRA 규제를 우회했다. 이 부분에 대해서는 미국 내에서도 문제가 되고 있어 K-배터리 업체들은 상황을 예의주시하고 있다.

인플레이션 감축법

미국 조 바이든 행정부에서 추진하는 '인플레이션 감축법IRA, Inflation Reduction Act'이 우리나라 자동차 산업과 이차전지 산업에 큰 영향을 주고 있다. 당초 바이든 정부에서는 3조 5,000억 달러 규모의 '더 나은 재건법BBBA, Build Back Better Act'이라는 이름으로 추진했지만 의회 통과를 고려해 지출 규모를 4,370억 달러로 줄이고 법안 이름도 IRA로 바꿨다. 인플레이션 환경을 고려한 조치인데, IRA가 미국 인플레이션을 직접적으로 낮출 수 있을지에 대해서는 의문이 많다. IRA를 보면 전체 재정 투입의 80% 이상인 3,690억 달러를 에너지 안보와 기후변화 대응에 배정하고 있다. 태양광, 풍력, 전기차 등 친환경 관련 투자와 제조(생산)이 미국 내에서 이뤄지는 경우 보조금(또는 세액공제)을 지급한다는 게 핵심 내용이다. 미국의 친환경 산업을 육성해 양질의 일자리를 늘리고 글로벌 공급망, 밸류체인에서 다른 나라에 대한 의존도를 줄이기 위한 포석이다. 이런 점에서 미국 정부가 정권에 상관없이 추진하고 있는 리쇼어링 정책과 일맥상통한다. 미국 소비자를 겨냥하는 제품은 미국에 공장을 짓고 미국에서 생산하라는 뜻이다.

IRA가 국내에서 큰 논란이 된 이유는 자동차(전기차)와 이차전지 산업이 직접적인 영향을 받기 때문이다. 현대, 기아차의 경우 2023년 현재 미국에 전기차 생산 시설이 없다. 현대차는 미국 조지아주에 전기차 공장을 짓고 있는데, 공장 가동은 2024년 말부터 가능할 전망이다. 따라서 국내 완성차 업체의 경우 '북미(미국, 캐나다, 멕시코) 최종 조립 조건'을 2024년까지는 충족할 수 없어 구매자들은 세액공제(1대당 최대 7,500달러)를 받을 수 없다. 현대, 기아차 입장에서 돌파구로 전기차 공장 가동을 최대한 빨리 하는 수밖에 없다.

하지만 이차전지 배터리 산업은 IRA의 최대 수혜가 예상된다. 2022년 8월 IRA법안 통과 때까지만 해도 핵심광물과 배터리 부품의 원산지 요건, 포괄범위 등에 대한 세부 내용이 나오지 않은 상태였기 때문에 양극재, 음극재 등 이차전지 핵심 소재를 만드는 국내 기업들도 미국에 전부 공장을 지어야 하는 것 아니냐는 우려가 제기됐다. LG에너지솔루션, 삼성SDI, SK온 등 국내 이차전지 셀 제조사들은 이미 미국에 공장을 가동 중이거나 신규 건설 계획을 갖고 있어 그나마 다행이라는 평가가 지배적이었다.

2022년 3월 31일(현지시간) 미국 정부가 공개한 이차전지 핵심광물과 부품 요건을 보면 그동안의 우려가 거의 해소됐다고 봐도 무방하다. 특히, 이차전지 원가의 40%를 차지하는 양극재 업체들이 가장 큰 수혜를 입게 됐다.

현재 미국에서 생산되는 전기차에 들어가는 이차전지 배터리 셀의 경우 양극재, 음극재는 한국에서 생산되고 있다. LG에너지솔루션 등 배터리 셀 기업들은 배터리 소재를 한국에서 들여와 최종 배터리 셀, 모듈을 미국에서 만들어 GM, 포드 등 미국 완성차 업체에 납품한다.

IRA 세부지침에 따르면 양극재, 음극재 등 배터리 소재는 배터리 부품에 포함되지 않는다. 따라서 지금처럼 우리나라 공장에서 생산해 미국으로 수출해도 무방하다. 또, LG에너지솔루션 등 배터리 셀 업체들은 이미 양극판, 음극판 등 배터리 셀을 미국 공장에서 만들고 있기 때문에 문제가 없다.

핵심광물 조건도 나쁘지 않다. 우리나라 양극재 업체들이 주력으로 생산하는 3원계 배터리는 리튬, 니켈, 코발트, 망간, 알루미늄 등의 광물로 구성된다. 이 광물의 대부분은 해외에서 수입하고 있다. 중국은 배터리 소재가 되는 광물을 고순도로 제련해 한국 등에 공급한다. 미국 정부는 IRA의 세부지침을 통해 핵심 광물을 미국 또는 미국과 자유무역협정FTA을 맺은 나라 중 채굴, 가공하는 비율이 40%(2023년 기준) 이상인 경우 최대 3,750달러 전기차 보조금 대상에 포함하기로 했다. 다만 FTA 미체결국인 중국, 인도네시아, 아르헨티나 등에서 추출한 광물이라도 FTA 체결국인 한국에서 가

공해 50% 이상의 부가가치를 창출하면 세액공제 대상이 된다. 즉, 이런 광물을 사용해 양극재를 만들고 미국에 있는 배터리 셀 업체들이 이 양극재를 사용해 전기차에 들어가는 배터리를 최종 생산해도 세액공제를 받을 수 있다는 뜻이다.

물론 한계도 분명히 있다. 해외우려단체FEOC, Foreign Entity of Concern에 중국이 포함되는 경우다. 배터리 핵심 광물은 2024년부터, 배터리 부품은 2025년부터 해외우려단체로부터 들여온 것들을 사용하면 보조금 대상에서 제외된다. 리튬, 흑연, 코발트 등 중국 의존도가 압도적으로 높은 배터리 핵심 광물이 문제다. 미리 광물 수입선을 다변화하지 않은 상태에서 중국 업체들이 우려단체에 포함되면 한국산 양극재, 음극재로 미국에서 배터리를 만들어 미국산 전기차에 탑재한다고 해도 3,750달러 보조금 지급 대상에서 빠질 수 있다.

자동차 산업
분석 전망

자동차. 세 글자로 된 이 하나의 단어에 가슴 뛰는 사람들이 많다. 자동차는 단순한 이동 수단 그 이상의 의미를 담고 있는 제품이다. 누군가에게 자동차는 추억이고 누군가에게는 꿈이다.

자동차는 현대 엔지니어링의 꽃이다. 기계공학의 정수다. 전통 내연기관차 시대가 전기차 시대로 바뀌면서 기계공학에 전자공학까지 가세했다. 여기에 또 다른 '꿈'도 더해졌다. 꿈은 두 가지다. 하나는 하늘을 나는 자동차, 또 다른 하나는 자율주행차. 자동차 산업은 그 어떤 산업보다 격변기에 놓여 있다.

사실 국내 자동차 산업은 비교적 단순하다. 토종 국내 완성차 업체라고는 현대자동차그룹의 현대차와 기아차가 사실 전부라고 봐도 되기 때문이다. 현대기아차가 국내 자동차 산업 생태계를 사실상 진두지휘하고 있다. 현대기아차의 국내 신차 판매 점유율은 70%에 가깝다. 쌍용차(KG모빌리티), 한국GM, 르노 등의 완성차 업체가 있지만 존재감이 크지 않은 데다 GM(미국), 르노(프랑스)는 한국 기업이 아니다. 오히려 벤츠, BMW 등 수입차 브랜드가 딜러사-서비스센터 생태계를 구축해 더 큰 존재감을 드러낸다.

하지만 시야를 전 세계로 돌리면 자동차만큼 큰 산업을 찾아보기 어렵다. 전 세계에서 판매되는 신차는 1년에 많을 때는 1억 대, 적을 때는 8,000만 대 수준이다. 대당 가격을 대략 3만 달러로 잡으면 신차 시장 규모만 2조 4,000억 달러에 달한다. 여기에 부품, 정비, 중고차 산업까지 합치면 규모는 상상을 초월한다. 전체 자동차 산업 규모는 대략 10조 달러로 추정되기도 한다.

지금도 충분히 크지만 앞으로 더 커질 수 있기 때문에 자동차 산업에 대해서는 더 많은 관심이 필요하다. 자동차 산업의 확장은 인류가 꿈꿔온 미래, 인류가 지켜야 할 미래와 직결된다. 인류는 더 빠르고 안전하고 편안하게 운전하는 걸 꿈꿔왔다. 그리고 인류는 더 이상 자동차 배기가스로 인한 지구 온난화를 용인하지 않기로 했다. 미국의 전기차 기업 테슬라는 전기차 시대를 열었고, 자율주행 시대로 나아가고 있다. 수많은 자동차 기업과 IT기업이 내연기관이 아닌 전기로 가는 자율주행차는 개발에 뛰어들었다. 현대기아차도 예외일 수 없다. 현대기아차는 궁극의 친환경 에너지인 수소를 연료로 사용하는 수소차 분야에서 독보적인 기술력을 갖췄다.

글로벌 자동차 시장

우선 전 세계 자동차 시장(신차 기준) 규모부터 살펴보자. 세계자동차산업협회OICA에 따르면 글로벌 신차 판매량은 2019년 9,124만 대에서 2020년 코로나19와 차량용 반도체 공급난 영향으로 7,878만 대까지 급감했다가 2021년 8,275만 대, 2022년 8,162만 대로 회복했다. 아직 코로나 이전 수준까지 판매량이 올라간 건 아니다.

세계 3대 시장은 중국, 유럽, 북미 등이다. 중국은 전체 자동차 시장에서 30%가 넘는 압도적인 점유율을 보이고 있다. 미국, 캐나다, 멕시코 등 북미 3국 판매량 비중은 20% 수준이다. 유럽에서는 2022년 1,500만 대의 신차가 판매되어 점유율 18.5%를 기록했다.

전 세계 자동차 판매량

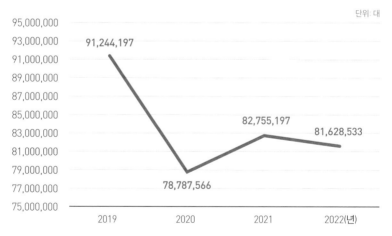

단위: 대

자료: 세계자동차산업협회

2022년 글로벌 신차 시장

지역/국가	판매량(만 대)	비중(%)
유럽	1,508	18.48
북미	1,692	20.73
중국	2,686	32.91
인도	472	5.78
일본	420	5.15
기타	1,384	16.96
전체	8,162	100

단위: %

자료: 세계자동차산업협회OICA

자동차 회사들이 어떤 시장을 공략해야 하는지 시장 규모를 보면 짐작할 수 있다.

문제는 중국 시장이다. 중국 시장은 다른 제품도 비슷한 상황이지만 자동차도 로컬 브랜드들이 압도적인 점유율을 기록하며 글로벌 브랜드들이 고전하고 있다. 마크라인즈 데이터 센터에 따르면 2022년 중국에서 판매된 신차 중 절반 이상이 중국 로컬브랜드다. 중국 시장이 아무리 커도 글로벌 완성차 업체들에겐 사실 점점 더 멀게만 느껴질 수밖에 없다.

2022년 기준으로 글로벌 시장에서 가장 많은 자동차를 판매한 회사는 어딜까? 그동안 독일 폭스바겐그룹이 1위 자리를 지켰지만 2020~2022년 3년 연속 일본 도요타그룹이 글로벌 판매 1위를 차지했다. 도요타는 2022년 전 세계에서 1,000만 대 이상 판매한 유일한 완성차 업체다. 2위는 폭스바겐으로 2022년 848만 대를 판매했다. 그리고 3위가 현대차그룹으로 648만 대를 판매했다. 현대차그룹이 글로벌 판매 3위를 차지한 건 2022년이 처음이다. 현대차그룹은 2010년 포드를 제치고 5위에 올랐지만 그 이후 10여 년간 4~5위 자리를 벗어나지 못했다. 그러다 2022년 사상 처음 글로벌 톱3 완성차 그룹으로 발돋움했다.

글로벌 자동차 그룹별 판매 순위

2022년 기준

❶ 도요타 — 1,048만 대
❷ 폭스바겐 — 848만 대
❸ 현대차그룹 — 684만 대
❹ 르노-닛산-미쓰비시 — 615만 대
❺ GM — 593만 대
❻ 스텔란티스 — 583만 대

자료: 각 사 발표 취합

전기차 시대

자동차 산업은 스마트폰, 반도체 등 다른 시장과 비교해도 규모가 압도적으로 크지만 '더 이상의 성장이 없다'는 점이 한계로 지적돼 왔다. 정체된 시장, 성장이 없는 산업은 대중의 관심에서 멀어지기 마련이다. 투자자들도 떠난다. 전 세계 완성차 업체들이

10배도 안 되는 멀티플(PER)을 받아온 것도 뚜렷한 성장 가능성이 보이지 않았기 때문이다.

하지만 성장이 정체된 것 같았던 시장에 메기가 한 마리 등장하면서 분위기가 바뀌고 있다. 바로 테슬라다. 테슬라의 등장, 테슬라의 성장은 자동차 산업에서도 새로운 성장이 가능할 수 있다는 증거로 활용된다. 물론 테슬라는 테슬라다. GM이 테슬라가 아니고 포드가 테슬라가 아니기 때문에 전통차 업체들과의 밸류에이션 차이도 현격하다. 1년에 180만 대(2023년)를 판매하는 테슬라의 시가총액은 2024년 3월 현재 5,400억 달러에 달하지만 1,000만 대를 판매하는 세계 1위 자동차 기업 도요타의 시가총액은 3,900억 달러에 그친다. 2022년 700만 대 가깝게 판매한 현대기아차의 시가총액은 테슬라의 7분의 1 수준인 800억 달러에 불과하다.

시장이 테슬라에 높은 밸류에이션을 부여하는 건 '내연기관차 쇠퇴, 전기차 시장 성장'을 전제로 한다. 내연기관차 판매는 계속해서 줄지만 전기차 판매는 고속성장할 것이라는 전망을 반영하고 있다. 정체된 자동차 산업은 전기차를 성장의 엔진으로 삼아 새로운 국면에 접어들 것으로 보인다.

전기차 시장은 얼마나 성장했고, 앞으로 얼마나 더 성장할까? SNE리서치 자료를 보면 전 세계 전기차 시장은 2017년부터 2022년까지 연평균 49% 성장률을 보였다. 2022년 전 세계에서 판매된 자동차 8,000만여 대 가운데 1,000만 대가 전기차로 추정된다. 순수전기차BEV와 플러그인하이브리드PHEV를 합친 수치다.

1,000만 대 중 테슬라가 130만 대를 판매했다. 전부 순수 전기차다. 순수 전기차를 1년에 100만 대 이상 생산, 판매하는 자동차 회사는 테슬라가 유일하다. 테슬라는 이미 200만 대 생산능력을 갖췄다. 2030년에는 1년에 2,000만 대를 판매할 계획이다. 2030년 글로벌 전기차 판매는 보수적으로 잡으면 2,000~3,000만 대, 공격적으로 잡으면 3,000~4,000만 대에 이를 전망이다. 테슬라는 이 시장을 50% 이상 접수하려고 한다.

중국 업체들을 제외하고 글로벌 시장에서 테슬라와 전기차로 경쟁할 수 있는 기업으로 현대기아차가 첫 손에 꼽힌다. 2022년 현대기아차가 글로벌 시장에서 판매한 신차 684만 대 중 순수 전기차는 38만 대에 그친다. 하지만 2030년 순수 전기차 생산 목표는 360만 대에 달한다. 현대차그룹 전체 완성차 생산, 판매의 절반 가량을 전기차로 대체하겠다는 계획이다.

엔진 대신 모터를 달고, 석유 대신 배터리를 연료로 사용하는 전기차는 그 자체로도 충분히 성장성 있는 시장이지만 자율주행과 결합해야 폭발적인 성장인 나올 수 있다. 자율주행은 자동차 산업을 통째로 뒤바꿀 게임체인저가 될 것으로 기대를 모은다. 다만 해결하기 쉽지 않은 난제가 쌓여 있어 2030년대에 자율주행 시대가 펼쳐질지, 영원히 자율주행 시대가 오지 않을지 누구도 예단하기 어렵다.

현재 우리가 타고 다니는 자동차에 적용된 자율주행 기술은 1단계(운전자보조)~2단계(부분자율) 수준이다. 여전히 운전은 운전자가 본인 책임아래 하고 시스템은 보조할 뿐이다. 시스템의 보조 기능은 안전운행을 돕는 데 초점이 맞춰져 있다. 이런 운전자 보조 시스템을 ADAS_{Advanced Driver Assistance System}라고 부른다. ADAS는 레이더, 라이다, 카메라 등을 이용해 차량의 전방, 측방, 후방 충돌을 방지해준다.

레이더, 라이더, 카메라가 사물을 오류 없이 정확히 인식하고 즉각적으로 주행에 반영하기 위해서는 인공지능_{AI}과 초고속통신망, 슈퍼컴퓨터 등의 지원이 필요하다. 문제는 인간이 운전하는 것처럼 시스템이 모든 경우의 수를 반영해 실시간으로 주행에 반영하지 못한다는 점이다. 도로 위에서 발생하는 경우의 수는 거의 무한대에 가깝기 때문이다. 특히 고속도로가 아닌 도심의 도로에서는 언제나 새로운 상황, 예상하지 못한 상황_{Edge Case}이 발생한다.

사물 인식에 사용되는 레이더, 라이더, 카메라는 각각 장점과 단점이 분명하다. 레이더_{RADAR, Radio Detecting And Ranging}는 전파를 물체에 쏴서 돌아오는 신호를 이용해 사물과의 거리, 속도, 방향 등의 정보를 얻는다. 장거리 측정이 가능하고 날씨 영향을 적게 받지만 작은 물체는 식별하기 어렵고 물체의 종류까지 구분하지는 못한다. 이 때문에 카메라로 물체의 종류를 가리는 작업이 필요하다.

라이다_{LiDAR, Light Detection And Ranging}는 전파가 아니라 빛을 쏴서 물체를 식별한다. 레이더에 비해 작은 물체도 감지할 수 있고 사물 종류도 구분할 수 있다. 하지만 레이더에 비해 측정거리가 짧고 날씨에 영향을 많이 받는다. 장애물이 있으면 투과하지 못하기 때문에 가려져 있는 물체도 인지할 수 없다.

카메라는 테슬라가 자율주행에 사용하는 방식이다. 테슬라는 8대의 카메라로 자율주행 기술을 구현하고 있다. 카메라는 사물의 종류를 구분할 수 있고 레이더, 라이더에 비해 저렴하다. 색깔도 알 수 있다. 하지만 사물과의 정확한 거리 측정이 어렵고 날씨에 민감하다. 테슬라는 카메라가 가진 단점, 한계를 극복하기 위해 AI와 슈퍼컴퓨터(도조)를 활용하고 있다. AI는 전 세계에서 운행하는 테슬라 자동차 중 자율주행 서비스를 이용하는 차량의 데이터를 학습하고 도조 컴퓨터는 방대한 데이터 처리와 학습을 돕는다.

테슬라 외에도 인텔이 인수한 모빌아이, 구글 웨이모, 엔비디아, 바이두, 현대차 모셔널, GM크루즈 등이 완전자율주행으로 가는 길을 열기 위한 기술 개발에 열을 올리고 있다. 가이드하우스인 사이트에 따르면 현재 가장 앞선 자율주행 기술 보유한 곳은 모빌아이다. 2위는 웨이모, 3위는 중국 바이두다. 이 기관에서는 테슬

레이더 VS 라이다 VS 카메라

구분	특징	장점	단점
레이더	전파로 물체와의 거리 측정	악천후에도 관측 가능 가려져 있는 물체도 감지	작은 물체 식별 어려움 물체의 종류 구분 못함
라이다	레이저로 물체와의 거리 측정	작은 물체 식별 가능 물체의 종류도 구분	날씨 영향 많이 받음 장애물 투과 못함
카메라	영상을 촬영해 물체와의 거리 측정	운전자 시각 정보과 유사 물체 형태, 색상 구분	날씨 영향 많이 받음 거리 측정 어려움

라의 자율주행 기술을 최하위인 16위로 평가했다. 일반적인 인식과는 괴리가 있는 결과다.

모빌아이는 인텔이 2017년 153억 달러에 인수한 이스라엘 기업이다. 현재 전 세계 자율주행 시장의 핵심인 ADAS 분야에서 독보적인 위상을 갖추고 있다. 볼보, BMW, GM, 아우디, 닛산, 지리 등 전 세계 30개 자동차 업체에 ADAS 시스템(EyeQ 시리즈)을 공급해왔다. 2024년 3월 18일 종가 기준으로 인텔이 인수한 가격의 1.5배 수준인 시가총액 230억 달러를 기록하고 있다. 모빌아이는 2022년 10월 나스닥에 상장했다.

오리진은 자율주행 로보택시용으로 운전대가 없는 캡슐형 디자인을 갖추고 있다. 오리진에는 GM과 LG에너지솔루션이 함께 만든 얼티엄셀Ultium Cell의 배터리가 탑재된다.

수많은 기업이 천문학적 자금과 인력을 투입해 완전자율주행이라는 '가보지 않은 길'을 개척하려고 애쓰고 있지만 비관론이 아직까지 지배적이다. 무엇보다 운전자가 없는 상황에서 컴퓨터, AI가 돌발변수를 영원히 통제하지 못할 수 있다는 지적이 있다. 완전히 인간처럼 사고하고 운전하는 AI가 나오지 않는 한 뉴욕이나 런던, 서울, 도쿄처럼 차와 사람이 뒤섞여 있는 복잡한 도심에서 인간의 개입이 없는 완전자율주행차가 운행하는 건 꿈 같은 일이다.

인간이 운전하지 않은 자율주행차가 인명사고를 냈을 때 책임을 누가 질 것인지도 논란거리다. 상식적으로는 차량 소유자와 시스템 운영 주체가 책임을 분담해야 할 것 같지만 문제는 책임의 범위, 한계다. 예를 들어, 자율주행차가 스스로 오류에 의해 사망사고를 냈다면 운전자와 시스템 운영자 간 책임 분담 비율은 어떻게 될까? 돈으로 보상하는 것 외에 형사책임까지 물을 수 있을까? 정부, 국회, 경찰, 보험사 등이 머리를 맞대야 할 부분이다.

해킹도 자율주행 상용화를 막는 장애물이다. 이론적으로 자율주행차는 초고속 무선통신이 필수다. 반응속도는 0.1ms(1,000분의 1초)를 넘어서야 인간처럼 즉각적으로 대응할 수 있다. 바로 이 점이 사이버보안의 취약점이다. 해커들이 침투할 수 있는 영역이다. 자율주행 통신 시스템 해킹은 대참사로 이어질 수 있다. 따라서 자율주행 시스템을 운영하는 각 업체 자율에만 맡겨둘 수는 없다.

인공지능 시대

2022년 11월 30일 챗GPT_{ChatGPT, Chat Generative Pre-trained Transformer}의 등장은 인류의 인공지능_{AI} 역사에서 길이 남을 것 같다. 챗GPT는 출시 5일 만에 100만 명이 가입했고, 출시 두 달 만에 월간활성이용자_{MAU} 1억 명을 돌파했다.

챗GPT발 인공지능_{AI} 혁명은 2007년 아이폰 혁명을 뛰어넘을 수도 있다. 사실 아이폰은 세상에 없던 새로운 물건은 아니었다. 휴대폰에 아이팟과 인터넷을 접목했을 뿐이다. 세 기능을 합쳤을 뿐이지만 인류의 삶은 아이폰 이전과 이후로 구분될 정도로 혁명적인 변화를 몰고 왔다. 그리고 2022년 11월 인류는 챗GPT를 통해 인공지능이 우리의 삶을 통째로 바꿀 수도 있다는 가능성을 발견했다.

인터넷 서비스 월간사용자 1억 명 돌파까지 걸린 시간

78 구글번역
70 우버
61 텔레그램
55 스포티파이
41 핀터레스트
30 인스타그램
9 틱톡
2 챗GPT

인공지능이라는 다소 진부한 기술과 주제가 챗GPT로 급격히 떠오른 이유는 뭘까? 2016년 우리는 인공지능 바둑 기사 알파고 AlphaGo가 이세돌 9단을 가볍게 이기는 장면을 목격한 지 7년 넘게 지난 시점이지만 인공지능 기술이 생활과 비즈니스에 도움을 주고 있는지 회의적이다. 알파고의 등장은 충격적이었지만 전 세계에서 바둑에 열광하는 사람은 얼마 되지 않는다. 바둑은 하물며 우리 일상생활과 별 관련이 없다.

하지만 챗GPT는 다르다. 뒤에서 설명하겠지만 생성 인공지능 Generative AI 기술을 적용해 우리 삶을 파고든다. 이 때문에 비즈니스 확장 기회도 무궁무진하다. 애플 아이폰이 앱스토어의 애플리케이션을 통해 꽃을 피운 것과 비슷하다. 이미 이 가능성은 현실이 되고 있다.

챗GPT 혁명은 GPU(그래픽처리장치)라는 반도체 칩 기술 발전으로 가능했다. 그리고 전 세계 GPU시장을 사실상 장악하고 있는 엔비디아NVIDIA는 챗GPT 혁명과 함께 새로운 역사를 만들고 있다. 엔비디아는 AI반도체로 불리는 GPU시장 점유율 90%를 차지한다. 챗GPT 역시 초기 버전에 엔비디아의 GPU A100 1만 개를 사용했던 것으로 알려졌다.

특이점으로 가는 변곡점, 챗GPT

미래학자 레이 커즈와일은 인공지능이 인간의 지능을 뛰어넘는 순간을 특이점Singularity(싱귤래리티)이라고 말했고, 그 시기가 2045년이 될 것이라고 예언했다. 그리고 많은 사람들은 2022년 11월 등장한 챗GPT가 특이점으로 가는 변곡점이 될 것으로 내다보고 있다. 특이점은 몇 번의 변곡점을 지나야 현실이 될 전망이다. 변곡점마다 AI가 가져올 폐단, 문제점도 동시에 부각되며 치열한 논쟁이 펼쳐질 것이다.

챗GPT는 채팅형 AI서비스다. 지금도 많은 기업들이 약간의 AI 기능을 얹어 챗봇 상담 서비스를 제공하고 있지만 사용해본 사람들은 대부분 만족할 만한 답을 얻지 못한다. 챗봇은 특정 질문과 유사 질문에 정해진 답만 할 수 있기 때문이다. 하지만 생성 AI 기술을 적용한 챗GPT는 수많은 질문에 사람처럼 혹은 사람보다 더 정확하고 자세한 답을 제공한다. 상황에 맞게 시 한 편도 거뜬하게 써내고, 특정 주제에 대한 보고서도 거침없이 작성한다. 그림을 그리고 노래까지 만들어주는 생성 AI도 등장했다. 벌써 짧은 영상 하나를 뚝딱 만들어 주는 AI도 나왔다. 조만간 1~2시간 영화 한 편도 완벽하게 만들어 주는 AI가 나올 것으로 보인다.

챗GPT는 대규모언어모델LLM과 1,750억 개에 달하는 매개변수Parameter(파라미터), 퓨샷러닝Few-Shot Learning 등으로 작동한다. 대규모언어모델은 AI가 인간의 언어(자연어)를 완벽하게 이해하고 창의적인 답을 할 수 있도록 돕는 기술이다. 사실 AI 기술 발전 역사에서 기계가 인간의 언어를 이해하고 인간처럼 대화한다는 건 넘을 수 없는 벽처럼 느껴졌다. 대규모언어모델은 GPT-3.5 기준으로 1,750억 개에 달하는 매개변수를 통해 구현됐다.

인간의 뇌에는 1,000억 개가 넘는 뉴런이 있다. 그리고 뉴런은 100조 개 이상의 시냅스로 연결된다. 매개변수는 인간의 뇌를 모방하기 위한 장치다. GPT-4의 경우 매개변수가 1조 개 이상일 것으로 추정된다. 매개변수가 시냅스의 수만큼 늘어나면 인공지능은 특이점에 도달할 수 있게 된다. 수천억~수조 개의 매개변수와 대규모언어모델의 결합은 초거대 인공지능Hyperscale AI의 등장으로 이어졌다.

초거대 인공지능의 학습방법은 기존과 다르다. 기존 인공지능은 사람이 입력하는 데이터만 학습하는 지도학습Supervised Learning을 했다. 하지만 챗GPT의 퓨샷러닝은 적은 데이터만 입력해도 인공지능이 유사한 데이터를 스스로 학습하는 자기지도학습Self-Supervised Learning

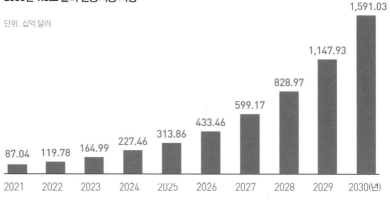

2030년 1.6조 달러 인공지능 시장

단위: 십억 달러

연도	금액
2021	87.04
2022	119.78
2023	164.99
2024	227.46
2025	313.86
2026	433.46
2027	599.17
2028	828.97
2029	1,147.93
2030(년)	1,591.03

자료: Precedence Research

을 한다. 데이터 편향, 유해정보를 걸러내기 위해서 학습에 인간이 개입하기도 하는데 이런 과정은 RLHFReinforcement Learning from Human Feedback 라고 한다.

챗GPT의 등장과 초거대 인공지능의 확산은 언젠가는 우리 삶을 통째로 바꿔놓을지 모른다. 그 전에 먼저 관련 기업, 산업의 성장을 이끌어 엄청난 경제적 파급효과를 가져올 것으로 보인다. 프리시던스리서치Precedence Research에 따르면 2022년 전 세계 인공지능 시장 규모는 1,198억 달러였다. 2030년까지 연평균 38.1% 성장해 2030년에는 1조 5,910억 달러에 달할 전망이다.

세계 각국과 거대 기업들이 인공지능에 사활을 거는 것도 인공지능 산업에서 새로운 성장 동력을 찾을 수 있기 때문이다. 알파고가 나왔을 때까지만 해도 긴가민가했지만 챗GPT의 등장으로 인공지능 산업이 빠르게 커갈 수 있다는 확신이 확산된 것으로 보인다. 스탠퍼드대에서 발간한 'AI 인덱스 2023 보고서'에 따르면 전 세계 기업의 AI 투자는 2013년 146억 달러에서 2022년 1,896억 달러로 10배 이상 증가했다.

핵심은 생산성이다. 챗GPT는 일상, 비즈니스의 모든 영역에서 생산성을 획기적으로 끌어올릴 전망이다. 수많은 문서 작업을 챗GPT가 대체한다면 그 수많은 문서 작업을 직업으로 삼는 수많은 사람들은 일자리를 잃게 된다. 아이폰 등장으로 인류는 언제 어디서든 24시간 일을 할 수 있게 됐는데, 챗GPT를 통해 이전보다 적은 시간, 노력으로 더 큰 효과를 거둘 수 있게 됐다. 수많은 투자가 이뤄지는 것도 바로 생산성 향상에 대한 기대 때문이다. 글로벌 컨설팅 기관 맥킨지가 2018년에 낸 보고서에 따르면 AI 도입으로 2030년까지 전 세계 경제는 13조 달러의 추가적인 성장을 가져올 전망이다.

챗GPT는 GPT-4부터 유료화로 수익 창출에 나섰다. GPT-4는 무료버전도 있지만 월 20달러를 내면 피크타임에도 자유롭게 사용할 수 있고, 무료버전보다 더 빨리 답을 받을 수 있다. 유료버전을 사용하면 플러그인Plungin 서비스 이용도 가능하다. 플러그인 서비스는 쉽게 말해 챗GPT와 제3자 서비스를 연결하는 기능이다. 익스피디아, 카약(항공권·호텔 예매), 오픈테이블(식당 예매), 인스타카트(식료품 배송), 피스컬노트(글로벌 정책·법안 정보) 등을 챗GPT와 연동해 이용할 수 있다. 예를 들어, 익스피디아 플로그인을 설치한 후 '2024년 7월

1일 뉴욕에서 인천까지 가장 저렴한 직항 항공권을 3개를 추천해 달라'고 하면 챗GPT가 익스피디아 정보를 가져와 알려주는 식이 다. 플러그인은 일종의 스마트폰 애플리케이션과 같다. 애플이 아 이폰 생태계를 앱스토어를 통해 구축한 것과 같은 맥락이다. 플로 그인 서비스의 핵심은 2021년 9월까지 정보만 반영된 챗GPT에 최 신 정보를 추가할 수 있다는 점이다.

엔비디아 쏘아올린 AI반도체

인공지능 산업은 챗GPT 등장과 함께 소프트웨어와 하드웨어 양쪽으로 큰 성장세를 보일 전망이다. 소프트웨어어 쪽은 당연히 챗GPT를 개발한 오픈AI와 이 회사에 거액을 투자하고 협력 모델 을 강화하고 있는 마이크로소프트$_{MS}$가 주도하고 있다. AI소프트웨 어 분야에서 전통적인 강자인 구글과 자율주행을 위한 AI고도화에 가장 앞선 테슬라 등도 경쟁구도를 형성하고 있다.

하지만 하드웨어 쪽으로 가면 엔비디아가 사실상 승자독식의 혜택을 고스란히 누리는 분위기다. 엔비디아는 인공지능 반도체 로 불리는 A100, H100 등 GPU를 통해 하드웨어 시장을 사실상 장 악했다. 물론 엔비디아가 인공지능 칩을 직접 생산하는 건 아니다. 엔비디아발 인공지능 반도체 주문이 늘면서 동시에 이 회사의 인 공지능 반도체를 위탁생산하는 대만의 TSMC도 주목을 받는 모습이다.

엔비디아는 2023년 5월 24일(미국 현지시간) 2023년 2~4월(FY2024 1분기) 어닝 서프라이즈를 발표한 동시에 FY2024 2분기(2023년 5~7월) 누구도 예상하지 못한 분기 110억 달러 매출 가이드던스를 발표하며 전 세계 주식 시장을 뒤흔들었다. 특히 엔비디아의 실적 발표로 AI반도체의 막강한 힘이 확인됐다. 매출은 시장 전망치를 10% 웃돌았지만 주당순이익은 무려 시장 전망치를 20% 웃돌았다. 엔비디아의 질주는 2024년 3월까지 이어져, 시가총액이 2,200억 달러로 구글(알파벳)을 제치고 미국 시총 2위인 애플(2,600억 달러)을 바짝 추격 중이다.

AI 산업에 붐이 일면서 GPU 공급대란 조짐까지 감지되고 있다. 일론 머스크 테슬라 CEO는 한 인터뷰에서 "GPU는 마약보다 구하기가 훨씬 어렵다GPUs are at this point considerably harder to get the drugs"고 밝혔다. AI 반도체 시장은 당분간 반도체 분야 중에서도 가장 큰 성장이 예상되고 그 중심에 엔비디아가 자리잡고 있다. 시장조사기관 가트너Gartner에 따르면 전 세계 AI 반도체 시장은 연평균 20%씩 성장해 2027년 1,116억 달러에 이를 전망이다.

챗GPT발 AI 붐은 메모리 반도체 시황 악화로 힘든 시기를 겪고 있던 삼성전자, SK하이닉스 등 한국 메모리 반도체 기업들에게도 기회를 제공하고 있다. 바로 GPU에 특화된 메모리 반도체인 고대역폭 메모리HBM, High-Bandwidth Memory 때문이다. 2022년 말 기준으로 전 세계 HBM 시장에서 SK하이닉스(50%)와 삼성전자(40%)의 점유율이

90%에 달할 정도로 이 분야에서 한국 기업들은 독보적인 입지를 갖고 있다.

HBM은 여러 개의 D램 칩을 TSV_{Through Silicon Via}(실리콘관통전극)로 수직 연결해 데이터 처리 속도를 혁신적으로 끌어올린 고부가가치, 고성능 제품이다. HBM은 1세대_{HBM}, 2세대_{HBM2}, 3세대_{HBM2E}를 거쳐 현재 4세대_{HBM3} 제품이 나오고 있다. 2023년 4월 SK하이닉스는 D램 단품 칩 12개를 수직으로 쌓아 총 24GB(기가바이트)의 용량을 구현한 HBM3를 세계 최초로 개발했다. 기존 HBM 최고 용량은 D램 8개를 적층한 16GB 제품이었다. 그리고 HBM 시장을 선도하고 있는 SK하이닉스는 5세대 최신 제품인 HBM3E를 2024년 3월 말부터 양산에 들어갔다.

TSV는 D램 칩에 수천 개의 미세한 구멍을 뚫어 상층과 하층 칩의 구멍을 수직으로 관통하는 전극으로 연결하는 첨단 패키징_{Advanced Packaging} 기술이다. 이 기술이 적용된 SK하이닉스의 HBM3는 초당 데이터 전송 속도가 819GB로 풀HD 영화(5GB) 163편을 1초에 전송할 수 있다. HBM3E는 초당 전송 속도가 1.18TB에 달한다. 풀HD 영화 230편을 1초에 전송할 수 있다.

HBM이 왜 GPU와 같이 붙어서 가는지 알 수 있는 대목이다. 엔비디아가 SK하이닉스의 HBM3를 사용하고 있는 것도 같은 맥락이다. HBM은 기존 메모리보다 고대역폭을 사용하기 때문에 GPU-메모리 간 데이터 전송 속도를 획기적으로 끌어올렸다. 기존 메모리가 1차선 도로라면 HBM은 4차선, 5차선 도로라고 생각하면 이해가 쉽다.

전 세계에서 AI 전쟁이 벌어지고 있는 만큼 AI 서버 수요가 늘면서 GPU 수요가 증가하고 이는 곧 HBM 수요 또한 크게 증가시킬 것으로 보인다.

시장조사 업체 트렌드포스에 따르면 세계 D램 업계 매출이 2022년 800억 달러에서 2023년 518억 달러로 감소했다가 2024년 말 기준으로 842억 달러로 늘어날 전망인데 특히 HBM 매출 비중이 2022년 2.6%에서 2024년 20.1%까지 늘어날 것으로 기대를 모은다.

AI 부작용과 버블 논란

챗GPT발 AI 혁명을 대하는 대중의 인식은 극과 극이다. 젠슨황 엔비디아 CEO 같은 경우 AI에 전사의 모든 역량을 쏟아붓는 모습이다. 마이크로소프트, 구글, 페이스북 등 미국의 빅테크들도 AI 붐에 동참하며 새로운 서비스를 선보이고 있다. 드디어 AI가 세상을 바꾸는 단계에 들어섰다는 평가를 반영한다.

하지만 AI가 만들어낸 가짜뉴스, 딥페이크Deepfake 등은 벌써 사회적 문제가 되고 있다. 2023년 5월 미국 국방부 펜타곤이 화염에 휩싸인 딥페이크 사진 한 장에 미국 주식 시장이 요동쳤다. 트럼프 전 대통령이 미국 경찰에 끌려가는 사진 역시 AI로 만든 가짜 사진

이었다. 이런 극단적인 케이스는 그나마 이슈화되고 누군가 진위를 빨리 가려주지만 일상, 비즈니스 영역에서 AI를 불법적으로 사용할 경우 적지 않은 논란과 혼란, 잡음, 진통이 예상된다. 규제의 칼끝이 닿아야 할 부분이다. 2024년 3월 유럽연합EU은 전 세계에서 처음 AI 규제법안 입법 절차에 돌입했다.

이스라엘 출신 역사학자 유발 하라리는 2023년 초 〈뉴욕타임스〉 공동기고문에서 인간 언어를 습득한 인공지능에 대해 우려했다. 인간의 언어를 습득했다는 것은 곧 인류 문명에 대한 마스터키를 손에 넣었다는 뜻이라는 지적이다. 그는 "인공지능이 인류를 장악하고 통제하는 것을 막기 위해 AI 도입 속도를 조절해야 한다"고 강조했다. 인류 문명과 민주주의, 자본주의 등 모든 시스템이 언어를 기반으로 만들어졌는데 인공지능이 인간 언어를 완벽하게 이해했다는 건 인공지능이 인류 문명을 새롭게 정의하고 파괴할 수도 있기 때문이다. 챗GPT를 만든 오픈AI를 공동 창업했던 일론 머스크 테슬라 CEO와 애플 공동창업자 스티브 워즈니악은 챗GPT-4 이상의 생성 AI 개발을 6개월간 중단해야 한다는 서명에 동참했다.

모든 게 다 비이성적 과열, 거품이라는 지적도 적지 않다. 과연 챗GPT 하나로 무슨 세상이 바뀌고 우리의 일상과 비즈니스가 바뀔 수 있느냐는 얘기다. 2022년 전 세계를 뜨겁게 달궜다가 순식간에 종적을 감춘 메타버스의 전철을 AI가 밟을 것이라는 전망도 많다. 부풀어 오를 대로 오른 거품이 터지면 AI 관련 주식에 투자한 수많은 사람들이 피해를 당하게 된다.

거품은 터지기 전까지 알 수 없다는 말이 있다. AI도 마찬가지다. 다만, 2000년대 초반 IT버블과 2022년 메타버스 버블 붕괴 사례를 볼 때 지금 AI 관련 투자에도 적지 않은 거품이 껴 있다는 분석이 설득력을 얻는다. 물론 챗GPT 혁명이 2007년 아이폰 혁명과 같다면 거품이 아닐 수도 있지만 확률은 반반이다. 특히, 갑자기 인공지능 사업에 뛰어들거나 관련 연구개발 실적을 공개하는 기업은 주의해야 한다.

5부

미국 경제 인사이트

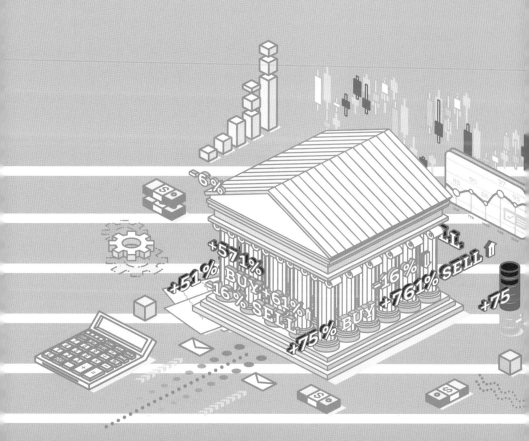

미국경제의 핵심 '소비', 월마트와 코스트코

　미국 경제를 상징하는 단어를 딱 하나 고른다면 '소비'라고 볼 수 있다. 미국은 소비가 국내총생산GDP의 70%를 차지할 정도로 소비가 경제를 이끄는 핵심 동력이다. 반면, 미국의 저축률은 굉장히 낮은 편이다. 모든 경제 시스템이 소비지향적으로 돌아가고 있다고 해도 지나치지 않다.

　우선 숫자들부터 살펴보면 어느 정도 감을 잡을 수 있다. 2023년 1분기 기준으로 나온 데이터를 바탕으로 미국의 연간 GDP를 환산해보면 26조 달러 정도로 나온다. 이 중에서 개인소비지출은 18조 달러로 소비가 GDP에서 차지하는 비중은 69%에 달한다. 미국의 연간 무역규모는 6조 달러로 GDP에서 차지하는 비중은 23%에 그친다.

월마트 VS 코스트코

미국은 소비의 나라다. 미국인들의 소비는 대략 85%가 집 근처에 포진한 수많은 마트와 백화점에서 이뤄지고, 나머지 15% 정도는 아마존과 같은 온라인을 통해 이뤄진다. 우리나라의 경우 통계청 발표에 따르면 2022년 기준으로 전체 소매판매에서 온라인쇼핑 거래가 차지하는 비중은 27.3%로 미국보다 비중이 2배 더 높다.

미국인들의 소비에서 온라인 비중이 계속 올라가고 있는 건 맞지만 여전히 10%대에 머물고 있는 이유는 거주 여건, 소비문화 등과 밀접한 관련이 있다. 미국의 경우 뉴욕, 로스앤젤레스, 샌프란시스코 등 일부 대도시 중심가를 제외하면 인구밀도가 상당히 낮은 편이다. 인구 밀도만 낮은 게 아니라 차 없이는 밖에 나가기 어려운 환경을 가진 지역이 많다.

거주 여건이 이렇다 보니 미국인들은 자연스레 가족 단위 생활에 익숙하다. 그리고 가족 단위 생활에서 가장 중요한 부분이 함께 마트에 가서 장을 보고 외식하는 일이다. 집 앞 슈퍼마켓이나 편의점을 수시로 이용할 수 있는 우리나라에서는 다소 상상하기 어려운 환경이다. 우리나라는 가족이 뿔뿔이 흩어지고 있다면 미국은 광활한 국토가 오히려 가족을 똘똘 뭉치게 한다. 그 중심에 수많은 마트와 백화점이 있다.

미국을 대표하는 마트는 월마트Walmart와 코스트코Costco라고 볼 수 있다. 월마트는 매출액 기준으로 세계에서 가장 큰 소매판매 기업

월마트와 코스트코 비교

구분	월마트	코스트코
설립	1962년	1976년
연매출	6,112억 달러	2,269억 달러
영업이익	284억 달러	78억 달러
시가총액	4,093억 달러	2,213억 달러
매장수	1만여 개(미국 내 5,000여 개)	850여 개(미국 내 580여 개)
직원수	210만 명(미국 내 160만 명)	30만 명(미국 내 20만 명)
취급품목수	14만여 개	4,000여 개
특징	○저렴한 가격 ○소규모 포장 ○코스트코와 같은 회원제 창고형 매장으로 샘스클럽을 보유하고 있음	○창고형 할인매장 ○회원가입 필수 ○자체 브랜드 커클랜드 상품이 많음

※ 월마트의 매출과 영업이익은 2023회계연도(2022년 2월~2023년 1월) 기준. 코스트코의 매출과 영업이익은 2022회계
연도(2021년 9월~2022년 8월) 기준
※ 시가총액은 2023년 5월 4일 종가 기준   자료: 양사 10-K 공시자료

이다. 그 뒤를 아마존과 코스트코가 잇고 있는데 아마존은 온라인
쇼핑이기 때문에 사실상 월마트와 코스트코가 양대 산맥이라고 해
도 크게 틀리지 않는다. 실제로 미국 어느 지역이든 월마트와 코스
트코가 없는 곳이 거의 없다.

　월마트와 코스트코를 객관적인 숫자로 비교하면 모든 면에서
월마트가 앞선다고 볼 수 있다. 매출, 매장수, 직원수 등에서 월마
트는 코스트코보다 훨씬 큰 기업이다. 하지만 월마트가 보유한 창
고형 매장인 샘스클럽만 따로 떼놓고 보면 코스트코의 규모가 압

도적으로 크다(샘스클럽은 미국 내 44개 매장을 보유하고 있으며 2023회계연도 매출은 843억 달러를 기록함).

월마트의 상품 가격은 타깃Target, 퍼블릭스Publix, 트레이더조Trader Joe's 등 다른 마트보다 비교적 저렴한 편이다. 이 때문에 미국 경제를 이해할 때 월마트의 매출은 중요한 가늠자가 된다. 만약 물가나 경기상황 등에 비교적 덜 민감한 편인 월마트의 매출이 꺾인다면 강력한 소비위축, 경기침체 신호로 해석할 수 있다.

다만, 이 같은 해석도 최근에는 변화가 감지된다. 2023년 〈월스트리트저널〉이 선보인 새로운 용어인 리치세션Richcession은 경기침체로 부자들이 지갑을 닫는 현상을 가리키는데, 부자들이 소비를 줄이는 과정에서 오히려 월마트와 같은 할인매장 매출이 늘어날 수 있다는 분석이 나왔다.

작지만 강한 트레이더조

월마트와 코스트코 외에도 타깃, 크로거, 퍼블릭스, 알디, 홀푸드 등 미국인들의 소비를 이끄는 마트 종류는 다양하다. 그중에서도 트레이더조는 규모는 크지 않지만 값싸고 품질 좋은 제품을 판매하는 마트로 미국의 젊은 층에게 큰 인기를 끌고 있다.

1967년 설립된 트레이더조는 매장 분위기가 밝고 환한 것이 특징이다. 특히, 거의 모든 상품에 트레이더조 자체 브랜드를 입혀 판매하고 있어 다른 브랜드 상품은 거의 찾아볼 수 없다. 품목수가 많지는 않지만 트레이더조 브랜드로 나온 상품들은 가격이 저렴하면서도 품질이 좋다. 게다가 동네 마트 정도의 규모이기 때문에 미혼이거나 가족 수가 많지 않은 젊은층이 고객의 대부분을 차지한다.

시장조사기관 뉴머레이터Numerator가 2022년에 낸 자료를 보면 트레이더조 이용객의 71%는 1965년 이후 태어난 젊은층이다. 또 소득수준을 보면 연간 소득이 8만 달러 이상인 고소득층 비중이 59%에 달할 정도로 저렴한 가격에도 불구하고 비교적 부자들이 선호하는 마트라는 점을 알 수 있다. 이 때문에 주된 이용객은 61%가 백인이고 아시아인 비중도 14%로 그 뒤를 잇는다.

트레이더조는 미국에 500여 개의 매장을 운영 중이며 1만 7,000명을 고용하고 있다. 2022년 기준 연 매출은 165억 달러로 20조 원정도 된다.

트레이더조 제품에 대한 한국 소비자들의 해외직구 해외공구도 활발하다. 트레이더조가 미국의 젊은층, 고소득층에게 인기 있는 브랜드지만 아직 한국에 진출하지 않았기 때문인 것으로 보인다. 이런 이유로 미국에 살다 한국으로 돌아가는 사람들이 트레이더조 제품을 선물로 잔뜩 사들고 가는 모습을 자주 볼 수 있다.

크로거는 오하이오주 신시내티에 본사를 두고 있는 미국의 슈퍼마켓 체인이다. 크로거의 매장 크기, 상품 종류는 트레이더조나 퍼블릭스보다는 크고 많지만 월마트에는 미치지 못한다. 소규모

단위 포장으로 판매가 이뤄지기 때문에 코스트코, 샘스클럽 등 창고형 매장과는 직접 비교하기 어렵다. 가격대나 매장의 분위기 등을 종합해보면 퍼블릭스와 가장 비슷하다.

세계 경제 쥐락펴락
미연방준비제도

세계 각국에 중앙은행이 있지만 미국의 중앙은행인 연방준비제도Fed, Federal Reserve System(연준)만큼 전 세계인의 주목을 받는 곳도 없다. Fed 의장은 '세계 경제 대통령'으로 불릴 만큼 영향력이 막강하다. Fed 안에 있는 최고의사결정기구인 연방준비제도이사회FRB, Federal Reserve Board of Governors와 기준금리를 결정하는 연방공개시장위원회FOMC, Federal Open Market Committee는 Fed의 두 기둥이다. 과거에는 연준을 FRB로 줄여 부르기도 했지만 연준이사회와 구분하기 위해 지금은 Fed로 줄여 쓴다. 12개의 지역연방은행Federal Reserve Banks은 관할지역 은행에 대한 독립된 관리, 감독 기능과 그 지역의 금융시스템을 안정적으로 유지하는 기능을 갖고 있다.

Fed 의장=FRB 의장=FOMC 의장

Fed에는 수많은 직원이 있지만 그중에서 의장과 부의장 등 최고 의사결정을 내리는 수뇌부가 중요하다. 제롬 파월의 경우 현재 Fed 의장인 동시에 Fed의 최고의사결정기구인 FRB 의장이다. 기업으로 치면 어떤 기업의 회장이 이사회 의장까지 맡고 있는 셈이다. 동시에 제롬 파월은 통화정책결정기구인 FOMC 의장도 맡고 있다.

Fed의 최고기구인 FRB는 의장, 부의장(2명)을 포함해 7인의 이사진Board of Governors으로 구성된다. 모두 대통령이 임명하고 상원의 인준을 필요로 한다. 임기는 14년이고 중임, 연임할 수 없다. 7인의 이사 중 의장과 2명의 부의장은 임기가 각각 4년이고 중임제한은 따로 없다. 따라서 이론적으로는 4년씩 세 번 연임해 12년을 의장으로 일할 수 있다. 제롬 파월 의장의 경우 트럼프 대통령의 지명을 받아 2018월 2월에 취임했고, 바이든 대통령 때인 2022년 5월 연임에 성공해 2026년까지 임기를 보장받았다.

역대 Fed 의장 중 가장 유명한 사람을 꼽으라면 폴 볼커(1979~1987년), 앨런 그린스펀(1987~2006년), 벤 버냉키(2006~2014년) 등 3명을 꼽을 수 있다. 볼커 의장은 은행의 위험투자를 제한하는 '볼커 룰Volcker Rule'로 더 유명하지만 사실 볼커 룰은 볼커 의장이 오바마 정부에서 백악관 경제회복자문위원회ERAB 위원장으로 일할 때 나왔다.

볼커 의장은 미국 경제 역사상 극강의 '인플레이션 파이터'로 이름을 날렸다. 그가 취임하던 해인 1979년 미국의 물가상승률은

11.25%를 기록했다. 1980년에는 13.55%가 치솟았다. 볼커 의장은 인플레이션을 잡기 위해 취임 후 얼마 지나지 않아 11.5%였던 기준금리를 단번에 15.5%로 끌어올렸다. 그리고 1980년에는 20%까지 금리를 더 올렸다. 볼커 의장은 경기침체를 각오하고도 인플레이션을 잡기 위해 금리를 사상 최고치까지 인상했다. 이 같은 조치는 오늘날 '볼커 모멘트'라고 불린다. 볼커 의장의 뚝심으로 미국 인플레이션은 1983년 마침내 3.21%까지 수직하강했다. 물론 경기침체로 실업률이 수직상승하는 부작용을 낳았지만 물가가 잡힌 후 금리를 내리면서 미국 경제는 대호황기에 접어들었다.

1913년부터 시작된 Fed 역사에서 18년 이상 의장으로 재직한 사람은 빌 마틴과 그린스펀 단 두 명뿐이다. 그린스펀은 1987년 10월 19일 블랙먼데이 주가 대폭락과 2000년대 초 닷컴버블 붕괴를 뚫고 세계 경제 대통령 자리를 오랜 기간 사수했다. 하지만 2008년 서브프라임 모기지 사태로 촉발된 글로벌 금융위기가 그린스펀 의장 재임 시절 저금리 정책 탓이라는 비판에 직면했다. 저금리 상황이 오래 지속되며 주택시장에 거품이 쌓인 게 금융위기의 출발점으로 지목됐기 때문이다.

버냉키 의장은 금융위기를 성공적으로 극복한 공로로 인정받는다. 대공황 연구 전문가인 버냉키 의장은 금융위기 극복을 위한 카드로 '양적완화QE, Quantitative Easing'를 꺼내들어 '헬리곱터 벤'이라는 별명을 얻게 됐다. 사실 양적완화 QE는 달러를 마구 찍어내는 조치가 아니지만 국채 매입으로 시중에 달러 유동성을 공급하다는 측

버냉키 의장 시절 양적완화 시작과 끝

2009년 3월~ 2010년 3월	1차 양적 완화(QE1)	1조 7,500억 달러
2010년 11월 ~2011년 6월	1차 양적 완화(QE1)	6,000억 달러
2011년 9월~2012년 6월	1차 오퍼레이션 트위스트	4,000억 달러
2012년 6월~2012년 12월	2차 오퍼레이션 트위스트	2,670억 달러
2012년 9월 ~2012년 12월	3차 양적완화(QE3)	월 400억 달러
2013년 1~12월	QE3 확대	월 850억 달러
2014년 1~9월	테이퍼링(QE3 규모 축소)	월 350억 달러
2014년 10월	QE 중단	0

면에서 간접적으로 달러를 찍어내는 효과를 낸다. 버닝키 의장 시절 Fed는 기준금리를 더 내릴 수 없는 지경에 놓이자 QE카드를 꺼내들었고 시중 유동성이 풍부해지자 미국은 금세 금융위기를 극복하며 호황을 누리게 됐다.

버냉키 의장 시절 QE 규모는 ▲QE1(2008년 12월~2010년 3월) 장기국채 3,000억 달러 주택저당증권MBS 1조 2,500억 달러 매입, ▲QE2(2010년 11월~2011년 6월) 장기국채 6,000억 달러 매입, ▲QE3(2012년 9월~2012년 12월) MBS 월 400억 달러 매입, ▲QE3확대(2013년 1월~2013년 12월) 장기국채 월 450억 달러 MBS 월 400억 달러 매입 등 총 4조 달러가 넘는다.

문제는 양적완화를 줄이는 과정이다. 국채 매입을 서서히 줄이다가(테이퍼링Tapering) 마침내 국채매입을 중단하거나 보유 중인 국채를 매각하는 양적긴축QT, Quantitative Tightening을 하게 되는데, 이때 금리가 올라가며 주가가 빠지고 경기가 하방압력을 받게 된다. 2013년 5월 버냉키 의장이 QE 축소와 테이퍼링을 시사하자 전 세계 주식시장이 단기간 급락하는 긴축발작(테이퍼 텐트럼Taper tantrum)을 경험했다.

전 세계가 주목하는 FOMC

Fed 조직 중 FRB는 미국의 금융시스템이 안정적으로 작동하도록 관리, 감시, 감독 하는 일을 한다. FRB이사회는 격주로 열리고 있지만 언론이나 대중의 관심을 크게 받지는 못한다. 반면, FOMC는 미국인은 물론 전 세계가 주목할 정도로 위상이 높다. FOMC가 끝난 후 Fed 의장이 마이크 앞에 서서 성명서를 발표하고 기자들과 일문일답을 갖는 날에는 특히 주식과 채권에 투자하는 사람들이 단어, 문구 하나 하나까지 살피며 시장에 미칠 영향을 예의주시한다.

FOMC는 Fed에서 통화정책을 결정하는 의사결정기구로, FRB 이사 7명과 지역연은 총재 12명 등 총 19명이 참여한다. 총 19명 중 FRB 이사 7명과 뉴욕연은 총재 등 8명은 항상 투표권을 가진다. FOMC 의장은 Fed 의장이 맡고, 부의장은 뉴욕연은 총재가 맡는다. 나머지 11명의 지역연은 총재는 2~3명씩 그룹을 짜서('보스

2024년 FOMC 일정 관련 캘린더

FOMC 일정	블랙아웃기간	의사록공개일
1/30~1/31	1/20~2/1	2월 21일
3/19~20*	3/9~3/21	4월 10일
4/30~5/1	4/20~5/2	5월 22일
6/11~12*	6/1~6/13	7월 03일
7/30~31	7/20~8/1	8월 21일
9/17~18*	9/7~9/19	10월 9일
11/6~11/7	10/26~11/8	11월 28일
12/17~18*	12/7~12/19	2025년 1월 8일

* 표시한 3, 6, 9, 12월 FOMC에서는 점도표 공개

톤, 필라델피아, 리치몬드', '클리블랜드, 시카고', '애틀란타, 세인트루이스, 댈러스', '미니에폴리스, 캔자스시티, 샌프란시스코') 4명이 1년씩 돌아가면서 투표권을 갖는다. 따라서 FOMC가 열릴 때 투표권을 행사하는 위원은 총 12명이 된다. 물론 가끔 FRB 이사진 중 공석이 발생하는 경우도 있어 12명이 안 될 때도 있다.

FOMC 정례회의는 1년에 8번 열린다. 6주 간격으로 열리게 되는데, 2024년 정례회의 일정은 다음과 같다. 연 8회 정례회의 중 3월, 6월, 9월, 12월에 열리는 FOMC에서는 연준의 경제전망과 금리전망이 담긴 FOMC회의자료SEP, Summary of Economic Projections가 성명서Statement와 함께 나온다. 특히, 연준 위원들이 향후 금리를 얼마나 올

릴지 내릴지 자신들의 생각을 점으로 찍어 보여주는 점도표$_{\text{Dot Plot}}$에 많은 관심이 집중된다. 점도표는 투표권이 없는 FOMC 참석자들이 참여하기 때문에 많은 때는 하나의 카테고리에 점이 19개까지 찍힌다.

점도표가 중요한 이유는 금리인상기 또는 인하기에 연준 인사들이 생각하는 최종 금리 목표를 알 수 있기 때문이다. 물론 3개월 후에는 점도표가 또 바뀌는 경우가 많지만 적어도 다음 점도표가 나오기까지 3개월간은 가장 유력한 기준금리, 정책금리 전망 시나리오로 대접받는다.

FOMC가 미국의 기준금리를 결정하는 중요한 회의인 만큼 몇 가지 중요한 규칙이 있다. 우선 회의 전 블랙아웃 기간$_{\text{Blackout Periods}}$을 둔다는 점이다. 블랙아웃 기간은 FOMC가 열리기 2주 전 토요일 자정부터 이틀간 열리는 FOMC의 마지막날 자정까지 지속된다. 블랙아웃 기간에는 FOMC 회의에 참석하는 연준 인사들은 물론 Fed와 지역 연은 직원들도 통화정책에 대해 공식발언(연설, 인터뷰 등)을 할 수 없다. 통화정책 결정 전에 시장에 혼선을 주지 않기 위해서다.

FOMC 개최 2주 전에는 베이지북$_{\text{Beige Book}}$이 일반에 공개된다. 표지가 베이지색이라서 베이지북이라고 하는데, 정식 명칭은 연방준비제도이사회$_{\text{FRB}}$ 지역별 경제상황 해설 요약$_{\text{Summary of Commentary on Current Economic Conditions by Federal Reserve District}}$이다. 12개 지역 연은에서 취합한 정보를 바탕으로 지역 연은 중 한 곳이 돌아가면서 보고서를 작성한다.

현재 경제 상황과 물가, 고용에 대한 평가가 보고서 가장 앞에 담기고 이 부분이 가장 중요하다.

FOMC가 끝나고 3주 후에는 의사록_{Minutes}이 공개된다. FOMC 참석자들의 개별 발언이 나오지는 않지만 직전에 열린 회의의 전반적인 상황과 분위기를 의사록을 통해 파악할 수 있다. 특히 금리 결정에 있어서 회의에서 채택되지는 않았지만 소수의견으로 나온 의견(발언)도 기재되기 때문에 의사록이 공개되는 날 미국은 물론 전 세계 주식, 채권 시장이 적지 않은 영향을 받는다.

FOMC가 통화정책, 금리를 결정할 때 가장 중요하게 고려하는 두 가지 요소는 물가와 고용이다. 각국 중앙은행이 짊어지는 이중 책무_{Dual Mandate}와 동일하다. 정확히는 물가안정_{Price stability}과 최대고용_{Maximum sustainable employment}인데, 둘 중 어떤 의무에 더 큰 무게를 두는지는 경제상황, 경기여건에 대한 판단에 따라 바뀐다. 2022년부터 2024년까지 Fed는 고용보다 물가안정에 초점을 맞춘 통화정책을 펼쳤다.

FOMC의 금리 결정은 미국은 물론 전 세계 경제와 금융시장에 큰 영향을 미친다. 기준금리 변경은 단기 금리와 환율에 영향을 주고 동시에 장기금리에도 영향을 준다. 금리는 대출시장에도 영향을 주게 되고 이는 투자와 관련된 기업의 활동에도 영향을 미친다.

FOMC가 결정하는 금리는 일반적으로 기준금리, 정책금리라고 부른다. 정확한 표현은 '연방기금 목표금리_{FFTR, Fedral Funds Target Rate}'다. 연방기금금리_{FFR, Federal Funds Rate}의 목표치 범위를 올리고 내리고 한다는 뜻이다. 여기서 말하는 연방기금금리란 미국 은행들이 서로 돈을 빌려주고 빌릴 때 적용하는 하루짜리 오버나잇Overnight 금리를 가리킨다. 따라서 FOMC에서 FFTR를 정하면 이 범위 안에서 FFR이 움직이게 되는데 실제 은행들 간에 적용되는 하루짜리 금리는 연방기금실질금리FFER라고 부른다. 이 하루짜리 금리가 대표적인 단기금리인 미국채 2년물에 영향을 주고 단기금리는 다시 5년물 중기금리에, 중기금리는 다시 10년물, 30년물 등 장기금리에 연쇄적으로 영향을 주게 된다. 다만, 장기금리는 연방기금금리나 단기금리보다 경기전망에 더 민감하게 반응하는 경우도 많다.

미국 물가 3대장, 유가·월세·전기요금

미국 물가, 미국의 인플레이션은 2022년부터 전 세계 경제에서 가장 큰 화두가 됐다. 미국 연방준비제도Fed가 고강도 긴축과 금리 인상 정책을 펼치는 것도 천정부지로 치솟는 미국 물가를 잡기 위해서다. 연준은 2022년 3월부터 2023년 5월 현재 10회 연속 기준금리를 인상했다. 2022년의 경우 6월, 7월, 9월, 11월 연속해서 4회에 걸쳐 0.75%포인트(75bp) 금리 인상을 단행했다. 인플레이션을 목표 범위인 2%대로 떨어뜨리기 위한 초강수였다.

2022년 6월 미국 소비자물가지수CPI 상승률은 전년대비 9.1%를 기록하며 전 세계에 쇼크를 안겼다. 1990년대 들어 세계화가 진전되며, 국제분업이 활발히 전개되어 전 세계 경제는 인플레이션 걱정 없이 30년 정도 지내왔다. '세계의 공장'이라고 불리는 중국에

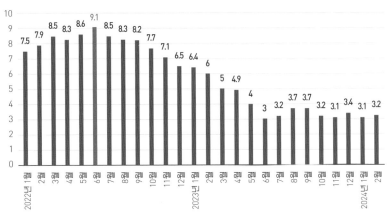

미국 소비자물가지수CPI 상승률

자료: 미국 노동통계국BLS. 전년동월대비 증감률

서 값싼 제품을 전 세계로 수출하며 물가상승을 막아왔다. 아마존과 같은 거대한 유통공룡의 등장도 물가 상승을 억제해온 요인으로 꼽힌다. 인플레이션은 교과서 속에나 나오는 얘기 정도로 여겨졌다. 하지만 9.1%라는 숫자는 전 세계 경제를 뒤흔들기에 충분했다. 각국 중앙은행은 경기침체를 불사하고 경쟁적으로 기준금리를 올렸고, 금리가 올라가자 채권값이 폭락하고 주가도 큰 폭으로 하락했다. 2022년 한 해는 주식 투자자와 채권 투자자 모두 큰 손실을 기록한 해로 기록됐다.

　보통 세계 각국의 물가를 비교하거나 분석할 때 가장 흔히 쓰는 지표가 CPI다. CPI는 미국만 있는 게 아니라 한국도 있고 중국도 있다. 물론 CPI를 구성하는 항목, 비중은 나라마다 다르지만 CPI가 대표적인 물가지표라는 사실 자체는 변하지 않는다.

CPI 대 PCE··· 연준은 PCE

미국 물가의 경우 중앙은행인 연준의 통화정책까지 함께 살펴볼 때는 개인소비지출PCE 물가 지표가 더 많이 활용된다. 왜냐하면 연준이 PCE 물가를 인플레이션 척도로 삼는다고 수차례 밝혔기 때문이다.

왜 연준은 CPI 대신 PCE 물가지수를 참고하는 것일까? 그 답은 CPI와 PCE 지수 산출 방식의 차이에서 찾을 수 있다. 우선 CPI는 미국 전역이 아니라 도시 거주자의 지출 항목에서 지수를 산출한다. 또 CPI는 소비자가 직접 구매한 상품과 서비스만 포함하지만 PCE는 정부가 가계를 대신해 구매한 상품, 서비스도 지수에 포함

PCE와 CPI 비교

구분	PCE(개인소비지출) 물가지수	CPI(소비자물가지수)
발표기관	미국 상무부 경제분석국	미국 노동부 노동통계국
	Bureau of Economic Analysis	Bureau of Labor Statistics
포괄범위	정부가 가계를 대신해 구매한 상품, 서비스도 포함	소비자가 직접 구매한 상품, 서비스만 포함
	미국 전역	미국 87개 도시지역
지수산식	피셔 방식	라스페이레스 방식
구성 및 가중치	분기마다 변화	2년마다 변화
	의료비가 높은 비중	주거비가 높은 비중
발표주기	매달	매달

한다.

미국 정부는 CPI를 구성하는 품목, 서비스를 2년에 한 번씩 조정한다. 가중치는 매달 조금씩 바뀌는데 기본적으로 주거비가 높은 비중을 차지한다. 반면 PCE 물가지수의 구성 품목, 서비스는 분기마다 조정되고 의료비가 CPI 대비 높은 비중을 차지하고 있다. 의료비 지출은 경제상황, 경기여건에 덜 민감한 속성을 가지기 때문에 큰 폭의 변동이 별로 없는 편이다.

체감물가

CPI, PCE 등 물가통계는 큰 틀에서 미국 경제 상황을 이해하는 데 유용하다. 또, 주식투자를 할 때 향후 연준이 금리를 어떻게 할지 예측하거나 분석할 때 활용할 수 있다. 하지만 미국에 살면서 체감한 물가는 통계로 와닿지 않는다. 특히, 많은 언론이나 전문가들 분석에서 헤드라인 물가(종합물가지수, 일반적인 물가지수)보다 근원물가(헤드라인 물가에서 변동성이 큰 에너지와 식품을 뺀 물가지수)가 더 중요하다고 하지만 체감하는 물가에서 가장 중요한 게 에너지 가격이다. 미국에 살면서 가장 민감하게 다가온 물가 구성요소는 유가, 월세, 전기요금을 꼽을 수 있다. 유가와 월세, 전기요금이 미국 물가 3대장이라고 해도 지나치지 않다.

미국의 유가는 한국보다 기본적으로 저렴한 편이다. 하지만 미국 유가가 아무리 낮아도 한 달에 쓰는 유류비 지출은 한국보다 미국이 훨씬 많을 수 있다. 이유는 간단하다. 미국은 자동차를 타지 않고는 한 발짝도 나갈 수 없는 곳이 많기 때문이다. 따라서 평균 주행거리도 한국보다 미국이 훨씬 길 수밖에 없다.

우선 휘발유 가격부터 살펴보자. 2023년 5월 7일 현재 미국의 평균 휘발유 가격은 갤런당 3.54달러다. 1갤런이 3.78리터이기 때문에 리터로 환산하면 리터당 가격은 0.93달러로 1,300원 환율을 적용하면 리터당 1,209원이 된다. 같은 날 우리나라 휘발유 가격은 전국 평균이 리터당 1,654원이다. 리터당 400원 이상 우리나라 주유비가 비싸다.

다음으로 평균 주행거리를 살펴보자. 미국연방고속도로관리국 FHWA에 따르면 2022년 3월 기준으로 미국인들의 1년간 평균 주행거리는 1만 3,476마일이다. 1마일은 1.6km이기 때문에 대략 2만km 이상 주행한다는 뜻이다. FHWA 통계를 보면 30대 남성의 주행거리가 가장 긴데, 1년에 1만 8,858마일(3만 172km)을 주행한다. 왕복 800km인 서울~부산을 1년에 37번 왔다 갔다 하는 엄청난 양이다. 미국 자동차의 평균연비는 대략 갤런당 20마일 정도 된다. 따라서 현재 3.54달러 기준으로 연간 주유비를 계산해보면 2,385달러(310만 원)가 나온다.

한국교통안전공단 발표에 따르면 2021년 기준으로 우리나라 자동차의 일평균 주행거리는 39.6km다. 연환산하면 1만 4,454km가 된다. 한국에너지공단에 따르면 2021년 기준으로 우리나라에서 운

한, 미 자동차 연간 주유비 비교

구분	연평균 주행거리	평균 연비	무연휘발유가격	연간 주유비
한국	1만 4,454km	16.17km/리터	1,654원/리터	147만 원
미국	1만 3,476마일	20마일/갤런	3.54달러/갤런	310만 원

자료: 미국연방고속도로관리, 한국교통안전공단, AAA Gas Prices, 오피넷

행되는 자동차 평균연비는 리터당 16.17km다. 따라서 현재 리터당 주유비 1,654원을 적용하면 연간 주유비는 147만 원으로 나온다. 미국이 우리나라보다 2배 이상 주유비가 더 드는 셈이다.

이처럼 미국은 기름값이 저렴하지만 주행거리가 길기 때문에 주유비가 많이 든다. 따라서 미국인들은 유가에 굉장히 민감하다. 실제로 갤런당 주유비가 비교적 가장 저렴한 샘스클럽 주유소와 코스트코 주유소는 언제나 기름을 넣기 위해 많은 차들이 몰려든다. 또, 워낙 장거리 운행이 많기 때문에 우리나라 치킨가게, 편의점처럼 미국은 주유소가 정말 많다. 미국석유협회API와 전미편의점협회NACS에 따르면 미국 전역에는 14만 5,000여 개의 주유소가 있다.

미국 생활 물가 중에서 가장 부담스러운 부분은 바로 월세Rent다. 미국은 우리나라처럼 전세 제도가 없다. 따라서 자가 주택을 보유하고 있지 않다면 전부 월세를 내고 산다고 봐야 한다. 미국 정부 통계에 따르면 2021년 미국 가구의 월세 거주 비율은 36%에 달한다. 우리나라의 경우 2020년 인구주택총조사 결과를 보면 월세 거

주 비율이 22.9%로 나타났다.

월세 사는 사람이 많다 보니 미국 물가 통계에서 월세 부담 변화는 굉장히 중요하게 다뤄진다. 특히 CPI 통계에서는 월세가 차지하는 가중치가 높기 때문에 월세가 떨어지면 물가상승률도 억제되는 경향을 보인다. 반면 월세가 오르면 물가상승률은 더 가파르게 올라간다.

실생활에서 월세는 가계의 가장 큰 부담이다. 무디스 애널리틱스에 따르면 2022년 4분기 기준 미국 가구의 소득 대비 월세 부담은 30%에 달한다. 100만 원을 벌면 30만 원을 월세로만 낸다는 뜻이다. 뉴욕의 경우 이 비율이 68.5%에 달한다. 살인적인 월세라는 표현이 괜히 나오는 게 아니다.

소득 대비 월세 부담 높은 도시

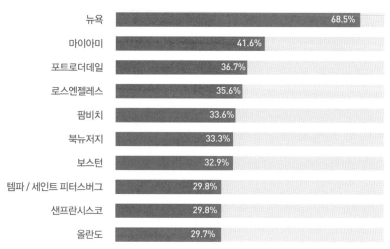

도시	비율
뉴욕	68.5%
마이아미	41.6%
포트로더데일	36.7%
로스엔젤레스	35.6%
팜비치	33.6%
북뉴저지	33.3%
보스턴	32.9%
템파 / 세인트 피터스버그	29.8%
샌프란시스코	29.8%
올란도	29.7%

자료: 무디스

미국 가구당 전기요금 계산

구분	2021년 1월	2024년 3월
kWh당 전기요금	0.136달러	0.173달러
월평균/연평균 사용량	886 / 1만 632kWh	
월평균/연평균 전기요금	120/1,446달러	153/1,839달러

미국 물가 3대장 중 마지막 하나는 전기요금이다. 사실 전기요금은 물론 수도요금도 우리나라보다 비싼 편이지만 미국 주택의 특징을 고려할 때 전기요금이 생활비에서 훨씬 중요한 비중을 차지한다. 미국에서 가장 일반적인 주거 형태인 단독주택_{Single House}의 경우 냉난방, 취사, 온수 등이 모두 전기로 가동된다.

미국의 전기요금은 2021년부터 가파르게 올랐다. 2021년 이전에는 kWh당 0.13~0.14달러에 그쳤던 전기요금이 2024년 3월 현재 0.17달러 넘게 치솟았다.

미국에너지관리청_{EIA}에 따르면 미국 가구의 월평균 전기소비량은 886kWh, 연평균 전기소비량은 1만 632kWh다. 2021년 1월에는 kWh당 전기요금이 0.136달러였기 때문에 이 기준으로 계산하면 월평균 전기요금은 120달러, 연평균 전기요금은 1,446달러로 산출된다. 하지만 2024년 3월 기준 0.173달러로 계산하면 월평균 전기요금은 153달러, 연평균 전기요금은 1,839달러로 3년간 전기요금은 무려 27% 올랐다.

오퍼레이션 트위스트와
수익률곡선통제

미국 연준Fed은 물론 세계 각국 중앙은행은 공개시장운영OMO, Open Market Operation 정책을 펼친다. OMO는 중앙은행이 단기금융시장이나 채권시장에서 금융기관을 상대로 국공채 등을 매매해 본원통화량이나 초단기금리를 조절하는 정책 수단을 가리킨다. 본원통화M0는 중앙은행이 발행한 화폐의 총량에 각 은행이 중앙은행에 예치한 지급준비금을 합쳐서 산출한다. 초단기금리는 은행들이 서로 주고받는 하루짜리overnight 자금거래에 사용된다. 중앙은행은 평소 OMO를 통해 초단기금리가 기준금리, 정책금리에 수렴해서 움직이도록 유도한다.

하지만 OMO가 제대로 작동하지 않는 경우도 많다. 또, 양적완화QE를 통한 국채 매입에 대해 시장이 충분하지 않다고 판단할 때도 있다. 이런 경우 단기금리는 기준금리에 수렴할지 몰라도 국채 10년물 이상 장기금리는 잡히지 않고 위로 뛴다. 2020년 코로나19 팬데믹 이후 연준이 무제한 양적완화를 실시했지만 경기부양을 위해 대규모 국채를 발행하면서 장기국채 공급이 증가하고 가격이 떨어지면서 국채금리가 급등하는 현상이 발생했다.

단기금리는 0%에 붙어 있는데 장기금리가 치솟자 연준이 2011~2012년 이후 처음으로 '오퍼레이션 트위스트OT. Operation Twist' 카드를 꺼내들 수 있다는 전망이 2022년에 나왔다. 물론 이 전망은 빗나갔지만 오퍼레이션 트위스트는 연준이나 각국 중앙은행이 긴급한 상황에서 취할 수 있는 공개시장운영 정책 중 중요한 위치를 차지하고 있다.

오퍼레이션 트위스트의 원리는 간단하다. 장기국채 금리를 눌러줘야 하기 때문에 연준은 장기국채를 매입하고 단기국채를 매도한다. 이렇게 하면 장기국채 가격이 뛰는 대신 장기국채 금리가 내려간다. 반면 단기국채는 정책금리 영향권 안에서 움직이기 때문에 단기국채를 매도해도 금리가 크게 뛰지 않는다. 단기국채를 판 돈으로 장기국채를 매입하기 때문에 연준의 대차대표는 거의 변화가 없지만 장기금리를 잡을 수 있다는 측면에서 장기 국채를 일방적으로 매입해 유동성을 늘리는 양적완화와 차이를 보인다.

가장 최근의 예로는 2011~2012년 연준은 금융위기가 어느 정도 진정된 상황에서 신용등급 강등, 유럽 재정 위기 등에 대응하기 위해 6,670억 달러 규모의 오퍼레이션 트위스트를 단행했다. 연준이 오퍼레이션 트위스트 카드까지 꺼내 든 이유는 경기를 살리기 위해서다. 장기금리가 내려가야 기업과 가계의 대출 비용이 줄어 경기부양 효과가 발생한다. 장기금리 급등은 실물경기는 물론 부동산 경기까지 위협한다.

오퍼레이션 트위스트보다 더 강력한 금리 통제 수단으로는 '수익률곡선통제YCC, Yeild Curve Control'가 있다. YCC는 일본은행BOJ이 마이너스금리 정책과 함께 고수해온 통화정책 기조로 유명하다. 어떤 수를 써도 경기가 살아나지 않자 일본은 장단기 금리를 일정 수준 이상 올라가지 못하도록 묶어뒀다. 금리가 위로 튈 것 같으면 무제한 국채를 매입해 목표금리 아래로 떨어뜨렸다. 중앙은행이 국채를 매입하면 국채수요 증가로 가격이 올라가고 금리가 떨어지기 때문이다.

오퍼레이션 트위스트는 '단기국채 매도, 장기국채 매입'으로 장기금리만 눌러주지만 YCC는 장단기 국채를 모두 매입해 장단기 금리를 묶어둔다는 점에서 차이가 있다.

BOJ는 2016년 YCC를 처음 도입했다. 2023년 7월까지 단기금리 −0.1%, 10년 만기 국채 금리 0.5%로 상한을 두고 관리해왔다. 하지만 7월 28일 10년 만기 국채 금리 상한을 1.0%까지 허용하기로 했고, 마침내 2024년 3월 19일 마이너스 금리정책과 YCC 폐지를 선언했다. 10년 국채 금리 상한도 없앴다. 마이너스 금리 도입 17년 만의 일이고, YCC 도입 7년 만의 일이다.

일본이 통화정책 정상화에 나선 배경은 경제, 경기에 대한 자신감에서 비롯됐다. 2023년부터 일본 경제는 잃어버린 20년을 뒤로 하고 완만한 상승세를 보이고 있다. 만성적인 저성장, 마이너스 성장에서 벗어나 2023년 1.9% 성장률을 기록했다. 2024년 들어서 일본 증시는 사상 최고치를 경신하며 질주했다. 임금도 크게 올랐다. 고용도 타이트한 상황으로 2024년 1월 실업률 2.4%로 장기간 사실상 완전고용 상태를 유지 중이다.

경제를 떠받치는 힘,
401(k)

미국 경제, 미국인들의 삶은 401(k)를 빼놓고 설명하기 어렵다. 401(k)는 미국주식시장을 떠받치는 힘이며 미국인들에게 안정적인 노후생활을 보장해주는 핵심 키워드다.

401(k)는 미국 국세법IRC, Internal Revenue Code 401(k) 조항에 규정돼 있기 때문에 붙여진 이름이다. 401(k)는 미국의 대표적인 퇴직연금 플랜이며 기본적으로 근로자가 직접 퇴직연금 자산을 운용하는 확정기여DC, Defined Contribution형에 속한다. 미국의 DC형 퇴직연금은 401(k) 외에도 403(b), TSP 등 다른 유형도 있지만 401(k)가 대부분을 차지한다.

401(k)는 크게 3가지 특징을 가진다. 첫 번째 특징은 기업의 매칭Matching Contribution을 꼽을 수 있다. 기업의 매칭은 근로자가 월급의

일부를 401(k)에 불입하면 기업도 일정한 비율을 정해 근로자의 401(k) 계좌에 지원금을 입금해주는 제도를 가리킨다. 이 같은 매칭은 기업이 근로자에게 제공하는 복지혜택으로 구직자들은 매칭 비율이 높은 기업을 선호한다. 일반적으로는 연봉의 3~4%를 매칭해주는 것으로 알려졌다.

회사가 지원해주는 매칭을 제외하고 근로자는 자신의 401(k) 계좌에 연간 2만 2,500달러(2023년 기준)까지 납부하고 전액 소득공제 혜택을 받을 수 있다. 미국 정부는 이 한도를 매년 올리고 있는데, 2022년에는 2만 500달러, 2020~2021년에는 1만 9,500달러 한도였다.

두 번째 특징은 디폴트옵션이다. 디폴트옵션은 퇴직연금 계좌에 쌓인 돈을 근로자가 운용하지 않고 방치하는 경우 사전에 약속한 방식(상품)으로 운용하는 제도를 뜻한다. 미국은 2006년 연금보호법PPA, Pension Protect Act을 통해 401(k)에 미국식 디폴트옵션인 적격디폴트상품QDIA, Qualified Default Investment Alternative 제도를 도입했다. 미국 근로자들도 퇴직연금을 제대로 운용하지 않는 사례가 많았기 때문이다. QDIA 도입 이후 미국에서는 생애주기에 따라 알아서 위험자산과 안전자산 비중을 조절해주는 타깃데이트펀드TDF 시장이 급성장했다. 대다수의 근로자들이 QDIA 상품으로 TDF를 사전에 선택해뒀기 때문이다.

세 번째 특징은 주목할 부분으로 적립금 중 펀드 투자 비중이 64%에 달한다는 점이다. 전체 펀드 투자금을 100으로 둘 때 주식

미국 퇴직연금자산 규모

단위: 조 달러

연도	규모
2000	11.6
2005	14.4
2010	17.9
2015	24
2018	27.6
2019	32.2
2020	35.8
2021	39.7
2022	34.2
2023	38.4

미국 401(k) 퇴직연금 자산 규모

단위: 조 달러

연도	규모
2000	1.7
2005	2.4
2010	3.1
2015	4.4
2018	5.2
2019	6.3
2020	7
2021	7.9
2022	6.4
2023	7.4

자료: 미국자산운용협회(IC)

형 펀드 비중이 60%로 압도적으로 높고 TDF 등 주식채권혼합형 펀드 비중이 30%로 뒤를 잇는다. 이 말은 7조 달러가 넘는 401(k) 자금 중 상당액이 미국 주식시장에 유입되고 있다는 뜻이다. 대략 4조 달러 안팎이 미국 주식시장에 투자되고 있을 것으로 보인다. 미국 전체 주식시장 시가총액 약 40조 달러(2022년 말 기준)의 10%를 차지할 정도로 큰 퇴직자금이 미국 주식시장에 들어와 있다는 뜻이다. 4조 달러는 우리나라 코스피, 코스닥을 합친 시가총액보다 큰 규모다.

미국인들의 노후 퇴직자금이 401(k)를 통해 미국 기업에 투자되고 있다는 점은 시사하는 바가 크다. 무엇보다 미국의 주식시장이 장기적으로 우상향할 수밖에 없는 이유가 수천만 명의 미국인 퇴직자금이 들어와 있기 때문이라는 해석이 가능하다. 주식시장이 붕괴되면 노후 퇴직자금까지 고갈되기 때문에 미국 기업은 물론 미국 정부도 주가 부양에 공을 들인다.

근로자가 401(k)에 월급의 일부를 투자하고 이 자금이 미국 기업에 투자돼 든든한 버팀목이 된다는 점도 주목할 만한 부분이다. 투자한 기업이 성장해 주가가 오르면 근로자의 퇴직자금 수익률이 올라가고 기업은 시가총액이 커져 시장에서 경쟁력이 높아지는 선순환 구조가 나타난다.

다만, 401(k) 모델을 그대로 한국에 적용하기에는 한국 주식시장의 시가총액이 전 세계 주식시장에서 차지하는 비중이 너무 낮다는 근본적인 한계가 있다. 미국은 전 세계 주식시장 시가총액의 40%를 차지하지만 한국은 2%에 불과하다. 퇴직자금은 무엇보다 안정적인 운용이 중요하기 때문에 글로벌 자산배분이 필수다. 따라서 미국처럼 퇴직연금을 국내 주식에 상당부분 투자할 수 없는 상황이다. 국민연금이 국내 주식 투자 비중을 계속해서 줄여 나가는 것도 같은 맥락이다.

내 재테크에 바로 적용하는
최소한의 경제공부

초판 1쇄 2024년 5월 13일
초판 5쇄 2024년 10월 25일

지은이 문지웅
펴낸이 허연
편집장 유승현 **편집2팀장** 정혜재

책임편집 정혜재
마케팅 김성현 한동우 구민지
경영지원 김민화 오나리
디자인 김보현

펴낸곳 매경출판㈜
등록 2003년 4월 24일(No. 2-3759)
주소 (04557) 서울시 중구 충무로 2(필동1가) 매일경제 별관 2층 매경출판㈜
홈페이지 www.mkpublish.com **스마트스토어** smartstore.naver.com/mkpublish
페이스북 @maekyungpublishing **인스타그램** @mkpublishing
전화 02)2000-2641(기획편집) 02)2000-2646(마케팅) 02)2000-2606(구입 문의)
팩스 02)2000-2609 **이메일** publish@mkpublish.co.kr
인쇄 · 제본 ㈜M-print 031)8071-0961
ISBN 979-11-6484-682-5(03320)